JN064307

Zの精神

日本一のグルメバーガー店の最後までやり通す経営哲学

株式会社ブラザーズ
代表取締役
北浦明雄

THE SPIRIT OF Z

BROZERS' Hamburger®

ブラザーズの看板商品「ロットバーガー」

職人技と遊び心を融合させた
グルメバーガー専門店。
細部にこだわり、かつ大胆に。
一つ一つに魂を込めて作ります。

アメリカンな真っ赤な外観（ブラザーズ人形町本店）

2000年７月、日本橋人形町にて創業。
伝統と職人の町に見合う、
グルメバーガー業界の老舗を目指しています。

「兄弟」がテーマのポスターが並ぶ店内（ブラザーズ人形町本店）

見えないところまで徹底的に

新品同様に磨き上げた鉄板

最高の商品と最高のサービスは、
スタッフの豊かな心によって生み出されます。
「掃除」という基本を徹底することで、
その心を高めています。

国土交通省の協力により設置されたゴミ置き場の前で(東雲地域清掃)

お店の前に植えている赤いハイビスカス（ブラザーズ新富町店）

美しいものは心を豊かにしてくれます。
ブラザーズのミッションは、
お客さん、地域、社会を元気にすることです。

はじめに

はじめまして。株式会社ブラザーズ代表取締役の北浦明雄《きたうらあきお》です。

二〇〇〇年七月三日、私が二十五歳の時に、二つ上の兄、北浦尚彦《なおひこ》と一緒に日本橋人《にほんばしにん》形町《ぎょうちょう》に立ち上げたのが、グルメバーガー専門店「ブラザーズ（BROZERS'）」です。

兄弟で始めたからブラザーズ。英語の綴り「BROTHERS」を「BROZERS」に変え、Aから始まるアルファベットの最後に来る「Z」という文字を入れることで、「最後までやり通す」という思いを込めました。そんなお店も早いもので創業から今年で二十一年目を迎え、私も四十六歳にして孫を持つお爺ちゃんになりました。

二〇二〇年の二月頃から始まった新型コロナウイルスの感染拡大の影響により、多くの飲食店が閉店を余儀なくされました。グルメサイト「食べログ」に登録された全国の店舗数は、コロナ前は八九万店舗以上ありましたが、一時は七九万店舗にまで減少しました。この時期に開店している店舗も考慮に入れると、コロナ禍が始まってから全国で一二〜一五万店舗が閉店したと推測されます。新型コロナウイルスの影響を受けた倒産件数も二一七一件（帝国データバンク調べ。二〇二一年十月八日現在）です。会社経営をされている方々にとっては決して楽ではない状況が続いています。

本書は、ブラザーズが開業してからコロナ影響下の今日に至るまでの二十一年間、どのような経緯を辿《たど》ってきたか、そして、どのような考え方でお店の経営を継続してきたかについて、個人的な経験と考えをできる限りオープンに書いたつもりです。読み進める上で、価値観に同意できない箇所もあるかもしれませんが、現在飲食店ならびに会社を経営されている方、今後起業を志そうとしている方、人生の新しい価値観を探している方、目標を見失ったり、人生に迷走されたりしている方々にとって、何かのヒントになることを願って書きました。

ブラザーズでは、仕事をする上で大事な考え方をまとめた冊子『最高の働き方』をスタッフに配っています。本書にはそのエッセンスも掲載されています。また、本書には言葉の意味や語源の説明が随所にあります。これは、その単語が本来持つ意味や起源を明らかにすることで、その主題を深く理解してほしいという意図があるからです。

本書が読者のみなさんにとって勇気を与えられるような一冊になれば幸いです。

Zの精神　目次

装幀　本澤博子
写真提供　北浦明雄

第1章

グルメバーガーとの出合い

生い立ち

私は東京大田区の仲六郷《なかろくごう》で、北浦家の次男として生まれました。まだ物心つかない三歳の時に、父親の仕事の都合でベルギーに渡り、そこで七年間生活しました。幼い頃の記憶ですが、言葉も通じない現地の幼稚園で毎日泣いて帰ってきたことを覚えています。

小学校はアントワープにあるインターナショナルスクールと日本人学校に通いました。インターナショナルスクールでは、アメリカ、イギリス、スペイン、中国、インド、イスラエルなど、様々な人種の子供たちが国境を超えて学校生活を共にします。このような環境の中で、英語を主言語とする生活、パンを主体とした食生活（学校のお昼ご飯にマクドナルドのハンバーガーを注文することもできました）、そして様々な国の人たちと交流することができた海外での暮らしは、幼少期の私の価値観を確立し、のちにブラザーズを開業する上でも良い影響を与えてくれました。

十歳で日本に帰国。埼玉県の浦和にある浦和ルーテル学院というミッション系の学校に入学し、高校卒業まで在籍しました。その後は実家の越谷《こしがや》の近くにある獨協《どっきょう》大学に四年間通いました。

ベルギーにいた幼少期に剣道を始め、ベルギーの全国大会では、小学校の部で準優勝することができました。剣道は帰国後も続け、中学、高校では剣道部のキャプテンを務めました。大学では短い期間でしたがボクシング部にも所属し、様々なアルバイトをして過ごしました。

ハンバーガー店をオープンするに至った大きなきっかけは、大学卒業後にオーストラリアのハンバーガーショップで働いたことです。しかしもっと遡《さかのぼ》ると、高校生の時にビデオレンタル店で借りたトム・クルーズ主演の『カクテル』という映画を観て、漠然と、「将来面白いことをしたいな」と思ったところに原点があります。この映画を観た時に、何となく将来「開業する」という夢がぼんやりと芽生えた気がします。映画の影響で、大学生の時はバーテンダーの仕事をしたこともありました。当然ですが、映画の中の華やかなイメージと、実際に働いてみて感じる印象には、大きなギャップがありました。

高校時代のコンビニのアルバイトをはじめ、一枚貼らせてもらえると二〇〇円もらえるチラシ貼りの仕事や、ラブホテルの室内清掃業、家庭教師など、いくつものアルバイトをしてきました。しかし、一つの仕事が長続きした経験がなく、「働く」ということに関して、漠然とした不安を感じていました。

生活が成り立つように仕事をし、結婚して、子供をもち、家と車を買って、死んでいく——。このような一般的に考える「一生」以上に、人生の喜びを獲得できるような何かを模索していました。「一度しかない人生、心から打ち込めることをしたい」、そんなことに思いを巡らせていました。

バーテンダーのアルバイトをしていた大学時代の出来事です。アルバイトが終わり、帰りの深夜十二時頃、ヤクザ風の数人に絡まれ、恐喝に遭いました。友人と二人で逃げましたが、私だけが捕まってしまい、殴る蹴るの暴力を受けました。目にライターを近づけられ、「殺す」と脅されました。その後うまく隙を見て走って逃げたのですが、その出来事により、恐怖でご飯も喉を通らないほど落ち込み、人と接するのも億劫《おっくう》になりました。

就職時期を迎え、その出来事と将来のことを考えると常に不安がつきまとい、「自分の人生はこの先どうなってしまうのだろうか?」「自分はいったい何がしたいのだろうか?」「自分はいったい何者なのだろうか?」など哲学的な思考へと発展し、「本来の自分を取り戻すにはどうすれば良いのだろうか?」と本を読んだりしましたが、答えはどこにもありませんでした。

大学ではリクルートスーツに身を包んだ学生たちが精力的に就職活動を行っています。私も何か行動しなければと、皆と同様にホテル業や飲食業、美容業界などのサービス業を中心に回りましたが、何かがしっくりきませんでした。

まず、スーツが嫌い。スーツを着ていると、自分ではない気がしました。そして履歴書がうまく書けない。自分の長所を書く欄に、特別な才能も何もない自分の長所は何なのかを自問自答し、悩んだ挙句、「忍耐強い」「何事も一生懸命やる」と書いたのを覚えています。また、志望動機もよくわからない。面接の時など、周りの人たちが「御社の将来性」とか「食べるのが好きで」など、おそらく練習したセリフを流暢《りゅうちょう》な語り口で話すなか、あがり症で特にこれといった志望動機もない私は、脂汗をかき、しどろもどろでうまく話せませんでした。

そんな私にとって就職活動はかなりの苦痛でした。何社か面接を受けましたがことごとく落ち、「これが最後」と決めた会社も入社テストで落ちてしまい、その後は就職活動もせずに、相変わらず部屋の中で悶々《もんもん》と「何のために生きるのか」を自問自答する日々が続きました。焦りや精神的不安から、一時は食欲不振にも陥りました。

迷走のなか、私なりに辿り着いた答えが三つありました。それは、

1．このままではいけない

2．人の役に立ちたい

3．楽しく生きたい

です。

そして、この三つを叶えるためには、土台である「自分」を変える必要があると気がついたのです。人から助けを必要とされ、頼られるような人間になりたい。そして自分の精神状態を変えて、人生を謳歌できるような心を作りたい。そう思いました。

「人の役に立ちたい」と思った時に真っ先に浮かんだのは、発展途上国に行き、生活に困窮している人たちに対し、なんらかの役に立っている自分の姿でした。それはおそらく、多大な体力と精神力が要求され、ほとんどの人たちがやりたがらないようなことであり、自分の利益やお金儲《もう》けにつながらないような、価値ある活動を指していたのかもしれませ

ん。

そこから、「海外へ行こう」という発想が生まれました。

しかし、自分には発展途上国に行くだけのガッツも体力もない。治安も心配だし、人間関係も不安。そこで考えが止まってしまいました。

このままでは前に進まないので、その前段階として、「まずは海外へ行き、一年間仕事をして自給自足の生活を送れば、何かが変わるかもしれない」と思うようにしました。長期で海外に行ける制度はないものかと探したところ、「ワーキングホリデー」というビザがあることを知りました。対象年齢二十五歳以下、海外で一年間生活しながら仕事もできるビザです。当時のワーキングホリデーの渡航先の対象は、オーストラリアとニュージーランドだったので、オーストラリアに行くことに決めました。色々と不安はありましたが、その頃には、「魂の赴《おもむ》くままに思ったことをやってみよう」、そんな心境に至りました。

それからというもの、大学には行かず、渡豪費用を作るために、倉庫の搬入・搬出のアルバイトを始めました。ハードな力仕事でしたが、働いていても苦にならず、ストレスからくる食欲不振からも回復し、給料が入る度に、「あといくらで飛行機のチケットが買える」など、オーストラリアに行くまでの条件を一つ一つクリアしていくことで、楽しく働くことができました。その時に初めて「目的を持つことの大切さ」を知りました。目的を持つことで、自分の心と体の状態が大きく変わることを体感しました。

ビザも無事取得することができ、オーストラリア行きが刻一刻と迫るなか、日に日に緊張感が増していきました。実は大学二年生の時に、自転車で北海道まで行こうと思い立って、一日で辛くなって帰ってきた経験がありました。そんな自分に、さらにハードルの高い海外での生活が果たしてできるのだろうか、と不安を感じていました。また、その頃はインターネットもなく、唯一の情報源は、『地球の歩き方』（海外渡航の際に重宝されるガイドブック。現在、株式会社地球の歩き方が発行）でした。携帯電話もまだ普及していない時代だったので、困った時など現地で誰かに連絡することすらできません。もちろん現地に知人もいません。

大学を卒業する頃には、飛行機代とは別に三〇万円ほどのお金を作ることができました。オーストラリアで当面は生活できる資金でしたが、お金がありすぎると甘えると思い、全て持っていかずに一部だけ持っていくことにしました。

色々と思い悩んだ時期ではありましたが、今思うと、この就職活動の時期が、私にとってこの先の人生のことを考える大きなきっかけとなり、転機であったように感じます。

問題にはまり込むと視野が狭くなりがちですが、振り返ってみると、あの苦痛だった就職活動で思い悩み、どん底まで落ちたことで、「このままではいけない」という心境に至り、自分の人生を次なるレベルへと押し上げるきっかけになった、と今では思うことができます。

旅立ち

オーストラリアの地に降りた時、私の足はガクガクと震えていました。これから起こることに希望など何一つ持てず、心の中は不安と恐怖だけでした。今まで親の元で生活し、誰かに頼り、食べる物にも苦労せず、何不自由なく育ってきた環境から離れ、泊まる家もなく、知り合いもいない、この先どうなるかは自分の行動次第。とうとう自分一人の力を試す時がやってきたのです。

まずは『地球の歩き方』に載っていた、シドニー郊外のグリーブという町のバックパッカー（リュックサックを背負い、低予算で国外を個人旅行する人のこと）の宿に泊まることにしました。ここでしばらく生活しながら、仕事と住む場所を探そうと考えたのです。宿は六人部屋で、そこにはフレンドリーなおじいちゃんから世界を旅する若い人たちまで、様々な人たちが住んでいました。屋上では若者たちが集まって、マリファナを吸っていました。生活するにはあまり良い環境ではなかったので、急遽アパート探しをし、一週間八五ドル（当時の日本円で六〇〇〇円程度）の格安物件（トイレ風呂は共同）を見つけ、新たな拠点で生活をスタートしました。

現地のワーキングホリデー事務所でアルバイト情報を探し、シドニーのヒルトンホテルにある皮革専門店の仕事を見つけ、働くことにしました。お客さんに皮のジャンパーやコートを売る仕事でした。自分なりに慣れない英語を使い一生懸命働きましたが、一緒に働いている外国人の店長やスタッフとうまくいかず、結局二カ月経たないうちにケンカをして辞めてしまいました。

そんなオーストラリアの生活のなかで私にとって救いとなったのは、渡豪二日目に見つけた「アーチーズ」というハンバーガー屋さんにいた、フレンドリーで気さくな店員のジャッジさんと友達になれたことでした。ジャッジは五十歳手前で、足と腕に刺青《いれずみ》を入れた、ピンク・フロイドやイエスなどのプログレッシブ・ロックを愛するおじさんでした。子供も二人いますが、離婚をして、父親一人で子供を育ててきました。仕事場ではいつも笑顔で楽しそうに鼻歌を歌っていました。今まで色々な人に会ってきましたが、何か違うものを持っている、不思議な人でした。ジャッジとはこのハンバーガー屋に通ううちに仲良くなり、時には仕事先の悩みを親身になって聞いてもらったり、町に一緒に遊びに行ったりもしました。アーチーズのハンバーガーやチップス（フライドポテトのこと）もとても美味しく、あまりお金を持っていない時は、たまに二ドルで山盛りのチップスを買って食べて空腹を満たしていました。

仕事を辞めた私は、住んでいるアパートの近くのレストランに、どんな仕事でもいいのでやらせてもらえないかと聞いて回りましたが断られ、大学時代の就職活動時期に体験した「仕事が決まらない病」にまたも悩まされました。

そんななか、ふと「ジャッジがいるハンバーガー屋さんはどうだろうか」と思い、「給料はいらないから、まずは私の働きぶりを見てもらうためにお店で働かせてもらえないか」とジャッジに聞いてみました。ジャッジはオーナーのゴードンさんに話を通してくれ、トライアルで働く承諾を得ることができました。その後、働きぶりが評価されたのか、数日経ってから正式に雇ってもらえることができました。時給は八ドル、当時のレートで六〇〇円くらいです。

アーチーズ店内

お店での仕事は、接客と仕込み、調理が主でした。料理はハンバーガーがメインで、ほかにもフィッシュ＆チップス、ローストチキンやケバブなどの調理に携わりました。まだ自分の英語が不十分だったので、何度も聞き返して嫌な思いをさせないよう、全ての調理工程をメモに残し、ノートに清書して早く覚えられるよう努力しました。

オーストラリアが日本と違うのは、小さなことをあまり気にしないところです。日本の飲食店だったらあり得ないこと、例えばキッチン内でタバコを吸ったり、仕事中にいつも冗談を言ったり、オーナーであるゴードンに向かってジャッジが「デブ」と言って笑い飛ばしたり、洗い物は水を張った洗剤入りのシンクにぶち込んで、水洗いしないでそのまま乾かしたりと、「これでいいの？」と思うようなことが多々ありましたが、ここは「郷に入れば郷に従え」のルールに則《のっと》ることにしました。仕事中、ゴードンが私にちょっかいを出してくる時などは、中指を立てて応えると「That’s the spirit!（その

アーチーズの厨房にて

調子！）」とゲラゲラ笑ってくれたりする、とにかく明るい職場でした。言葉がうまく通じずにヘマをして迷惑をかけてしまったこともたくさんありましたが、オーナーのゴードンやジャッジのおかげで、今まで働いたなかでも最も楽しく、リラックスした職場環境で仕事をすることができました。忘れていた英語も、使っていくうちに徐々に感覚を取り戻し、最終的にはお店を一人で回すくらいまで任されるようになりました。

そんなある日、いつものように閉店作業の床のモップがけをしていた時に、ふと「このようなお店を日本でもできたら面白いな」という考えが頭をよぎりました。その瞬間、体がゾクゾクし、鳥肌が立ちました。このオーストラリアの地で学んだハンバーガーを、自分がオーナーとなって、日本で提供する。そんな考えが生まれました。

しかし、飲食店はほぼ未経験の私に果たしてできるだろうかと不安にもなりました。日頃から良き理解者として親身になって話を聞いてくれるジャッジにその考えを話すと、

「OF COURSE YOU CAN（もちろんできるさ）」

と言ってくれました。普通なら、「無理だよ」「現実は大変だよ」「もう少し考えてからにしたほうがいい」などと言われそうですが、ジャッジは違いました。ジャッジは私の可能性を信じ、ポジティブな言葉をいつもかけ続けてくれ、私の心に火を灯し続けてくれ

ました。そのおかげで、失い欠けていた自信と「自分にもできるかも」という希望を持つことができました。ジャッジは意図的に、私の人生を良い方向に導いてくれていたのです。

この体験から、今、私自身もほかの人たちに対して可能な限りポジティブな言葉をかけ続けるように心がけています。人はネガティブな情報に注意を奪われがちですが、気分を下げるような情報に注意を払う必要は一切ありません。そもそも、日常生活においてネガティブなことは実はほとんどありません。大抵のことはポジティブに捉えられるのですが、ごく少数のネガティブな要素に注意を向けてしまうことで、ほかのことまでネガティブに捉えるようになってしまうのです。

ネガティブなことを言う人やものはできるだけ自分の人生から排除し、自分の身の周りにポジティブな人やものを配置して、ポジティブに考え、ポジティブな言葉を発し続け、ポジティブな行動をし続ければ、周りもポジティブに変化していきます。

ジャッジと

「ネガティブを排除し、ポジティブにエネルギーを注ぐ」

これはジャッジが私に教えてくれた、大切にしている人生訓の一つです。

決断

今思うと、この時に下《くだ》した決断が、その後の私の人生を大きく形作っています。

決断とは、「きっぱりと心に決めること」です。「はい」か「いいえ」で答えられない、「多分」のようなはっきりしない状態は、決断を下していない、ということになります。できない理由を延々と考えたり受け入れたりしているうちは、何も成し遂げることはできません。

何事も決断が先です。まずは決めてから、その後のことを考えればいいのです。決断が先にあると、心境が変わり、「あれをやろうか、これをやろうか」と迷う代わりに、「どうすればいいのか」という具体的な解決策が心の中で見えてきます。

やらない事情、できない事情、うまくできないかもしれないという考えが出てきた時は、その考えを脇に置き、まずはやってみることが大切です。実際にやってみると、やる前には知り得なかったことが色々と見えてきます。思っていた以上に簡単かもしれないし、思っていた以上に難しいかもしれません。それは経験するまではわかりません。

人は弱っている時、やらない事情、できない事情を簡単に受け入れてしまいます。その結果、何もしないということは、短期的には安全に見えますが、長期的には危険です。なぜなら、行動する意欲、挑戦する気持ちがじわじわと奪われるからです。

「迷ったらとにかくやってみる」

これも私が大切にしている人生訓の一つです。

また、大きな決断をする時には、恐れに向き合う必要があるかもしれません。しかし、恐れずに勇気ある決断を積み重ねることで、精神力がついてきます。大事なことは、どんな時でも自分は「良い決断ができる」と決心することです。自分の決断を自分自身が信じること。これが「自信」と呼ばれるものだからです。

そして、いったんやると決めたら、やる以外の選択肢はありません。その後どんな困難があったとしても、物事が達成できるまでやり続けるしかありません。「もうやる以外ない、達成する以外道はない」という心境になると、達成の可能性は急上昇します。逃げたり諦めたりするという選択肢がないからです。今までの経験上、勇気を要する困難な道を選択するほうが、人生を豊かにし、自分を強くしてくれると感じています。

　オーストラリアで働いていた時に、もう一つ良い出会いがありました。グリーブで、オーストラリアでは数少ない日本人と知り合う機会があり、話をすると、彼は日本でハンバーガー店を経営しているとのことでした。私とさほど年齢も変わらず、既にお店を経営している人がいることに驚きました。それが本郷三丁目駅付近にあるハンバーガーの名店「ファイヤーハウス」のオーナーである吉田大門《だいもん》さんとの初めての出会いでした。

アーチーズ送別会（左から、サイモン、ゴードン、ジャッジ、筆者）

　そうしてオーストラリアの旅が終わる頃には、「日本でハンバーガー屋をやる」という目標を携えて帰国することになりました。また、親元から離れて海外で生活できたことも自信につながり、当初掲げた「自分を変える」という目標も大きく前進させることができました。帰国の際、私の命の恩人であるジャッジやルームメイトが空港まで見送りに来てくれて、再会を約束しました。涙涙のお別れでした。

今振り返って思うことは、旅立つ前や、オーストラリアに到着した時に感じた恐怖や不安のほとんどが、自分で作り出していた幻想だったということです。ブラザーズ開業後の話ですが、独立を考えていたスタッフに、「勉強のためにアメリカに行くといいよ」とアドバイスすると、「アメリカに行くと、銃で脅されるから……」と返されたのを思い出します。しかし、テレビや新聞のニュースで言うほど、アメリカの環境は危険ではありません。周りの不確かな情報や噂に惑わされず、「自分にとって」そのように見えるか、自分の目でしっかりと観察することが最も信頼できる情報源ではないでしょうか。

私の場合、海外で生活したことで、その国の文化を肌で感じることができ、そして多くの人たちとの出会いや体験を通して、人生観を大きく広げることができました。オーストラリアで生活し、自分の弱さに向き合い、様々な体験をしたからこそ、将来の目標を見つけることができたのだと思います。

第2章

ブラザーズ誕生

開業まで

帰国後、まずは日本の飲食店で働いてみようと思い、計画を練りながらいくつかの飲食店を経験し、前述した吉田さんが経営するファイヤーハウスでも二カ月ほど働かせてもらいました。ハンバーガーの作り方から、店作り、オペレーションなど、お店を立ち上げる上で非常に参考になりました。

当初はオーストラリアのように低価格でおなかいっぱいになるようなハンバーガーを出すお店にしようと考えていましたが、日本で食材を仕入れ、思い描くハンバーガーを作ろうと思ったら、到底そんな値段ではできないことがわかりました。原価が上がる分、価格も上がるので、その分お客さんに納得してもらえる料理を提供する必要性を感じました。

兄とは昔から将来一緒に何かをやろうと話し合っていました。オーストラリアにいた頃から、手紙のやり取りを通して「帰国後にお店を出そう」という話も既にしていました。

当時大手食品メーカーに勤めていた兄は会社を辞め、兄弟二人で夢の実現に乗り出しました。

出店場所は、「わざわざ来てくれる常連客を発掘したい」という思いから、あえて商業立地は除外し、以前兄が働いていた地である茨城県つくば市を第一候補とし、様々な物件を当たりました。しかし、私たちの理想とする物件は見つからず、つくばでの開業を断念し、茨城の各地域、埼玉県、神奈川県など、色々な地を回りました。最初に交渉にまで辿り着いたのは、当時住まいのあった東京都江戸川区の篠崎《しのざき》にある物件でした。私たちのやる気を手紙に書いて、オーナーさんにアピールしましたが、声は届かずうまくいきませんでした。ハンバーガーという、比較的油の出る料理を敬遠されるケースも少なくありませんでした。

不動産会社をまわり、関東圏にある物件をたくさん調べましたが、理想的な物件に巡り合えないこと数カ月、最後には「もう貸してくれるならどこでもいい」という心境にさえなりました。

当時私が理想としていた物件は、「一階が一五～二〇坪、少なくとも二面が道路に面していて、目の前に公園がある」という、なかなか見つからなさそうなハードルの高い条件でした。また、若い人が集まるような繁華街、いかにもハンバーガーショップが受けそうなエリアは除外していたため、このような条件に合った物件は非常に限られていました。

そんなある日、気になるスケルトン（内装設備がない状態）の物件の情報が入り、夜中に一人で見に行きました。場所は「日本橋人形町」。新築の一一階建てマンションの一階、一五・五坪とやや小さめで、まだ建設途中でしたが、角地にある物件でした。

人形町で見つけた物件

翌日、即座に人形町にある不動産会社に連絡し、内見を済ませ、交渉に臨みました。ハンバーガー店というと汚れやすいイメージがあるので、良い印象を持ってもらうために、自分たちがやろうとしているお店のコンセプトやイメージ図を添えて、ビルのオーナーさんにプレゼンしました。「これがうまくいけば、物件探しもいよいよ終わる」と、非常に気合が入りました。肝心の家賃の交渉は、大家さんの計らいで、建物の区画内を清掃するという条件付きで私たちの希望を飲んでもらい、めでたく物件が決まりました。

最初に見に行った時は夜中で真っ暗だったため気がつかな

かったのですが、その物件は、三面角地で、目の前には公園もある、当初思い描いていたイメージにぴったり合った物件でした。

物件が決まった後は、当時私たちと同じく兄弟で経営されていた江戸川区の内装業者をタウンページ（職業別電話帳）で見つけて、内外装の工事をお願いすることにしました。当初の予算は一五〇〇万円でしたが、水周り、ガス、電気などの基礎工事だけで四〇〇万円、物件取得費に三〇〇万円、内外装費に三五〇万円、厨房機器に三五〇万円、空調設備に一〇〇万円、その他諸経費を合わせ、結局二〇〇〇万円かかりました。予算はオーバーしましたが、協力的な施工業者のおかげで、私たちが作った設計図を生かしてもらいました。その際、節約のために内装のペンキ塗りなども手伝いました。

開業にかかる資金は、私たちの開業を応援してくれた両親から借りることができました。親だからといって甘えないためにも、国民金融公庫から借りるのと同じ利率で、返済期間も同じ八年に設定し、返済契約書も作り、きっちり捺印しました。

工事期間中は、食材を仕入れる業者を探したり、メニューを考えて印刷をしたり、制服を作ったりと、開業に関わる上で考えられること全てを一斉に行いました。

一番苦労したのは、パン屋を探すことでした。当時は今のようにインターネットも発達しておらず、情報を集めるのが非常に困難でした。パンを作ってくれるところはあっても配達までとなると少なく、こだわりのバンズ（ハンバーガーに使うパンのこと）を作ってくれるところも少ない。タウンページで片っ端から連絡をし、事情を伝えてもなかなか良い返事をもらえずにいましたが、最終的には亀戸にあるパン屋さんが気持ち良く仕事を引き受けてくれました。私たちの思い描いているバンズの形や味を伝えると、フランスでの修業経験を持つ職人の方が試作品をいくつか作ってくれました。バンズは思い描いていた以上に素晴らしいものとなりました。

開業前に兄と試作したハンバーガー

特注で甘みのあるバンズをやや硬めに焼き、和牛の脂を入れたつなぎなしのジューシーなビーフパティ（ハンバーガー用に丸く整形した肉）に、レタス、トマトなどたっぷりの野菜を入れて作った、直径一一センチ、高さ一〇センチ以上ある最高のハンバーガーが完成しました。開業から現在に至るまで、亀戸のパン屋さんとは変わらず良い関係でお取引させていただいております。

物件契約後、工事は想像以上に時間がかかり、既に家賃も発生していたので、焦る気持ちがあるなか、思い描いていたお店が少しずつ出来上がっていく光景は、お店を出すという夢がじわじわと近づいていく感覚を生み、「いよいよ始まるんだ」という現実味を帯びてきました。工事期間中は、通りがかりの人たちが「いったい何の店ができるのだろう」と怪訝《けげん》そうにこちらを見ていました。日本橋人形町という、数多くの老舗《しにせ》が立ち並ぶこの地に、真っ赤な外観、真っ赤な店内、「HELP WANTED!（求人募集！）」の文字が書かれた『ブルース・ブラザーズ』のポスターという、いかにもアメリカンなハンバーガーの専門店ですから、そう見られても無理はありません。お店の内装を真っ赤にすることも、当初内装業者から「料理に合わない色だから白の方がいい」と言われましたが、赤を貫きお願いしました。結果的に内装は鮮やかに仕上がり、当初「白がいい」と言っていた業者さんも気に入ってくれました。

開業当初のハンバーガー

オープン前日には、お世話になった方々や

オープン前に兄と

友人を招待して、お店のオペレーションを実験しました。私はハンバーガー店で働いた経験はありましたが、食材や調理器具は全て違うもので、調理が終わった後に鉄板をどのように掃除していいのかわからずに慌てたことを今でも覚えています。

　そんなドタバタするなかで、老舗が軒《のき》を連ねる下町・人形町に、アメリカンな真っ赤なハンバーガー専門店がオープンしました。

ブラザーズ誕生

二〇〇〇年七月三日、ついにブラザーズはオープンの日を迎えました。全てが初めてのことなので、営業時間は十五時まで、メニューはハンバーガーとチーズバーガーの二点だけを販売することにしました。私の予想は一日一〇〇個でしたので、オープン前に一〇〇個の食材を仕込みました。

十一時に開店してから少しずつお客さんが入り、ランチタイムには店内がお客さんでいっぱいになりました。完売には至りませんでしたが、「これはいける」と得意になりました。

オープンしてから一週間経った頃には、営業時間を二十二時までとし、メニューも徐々に増やし、三五種類のハンバーガーとホットドッグなどのサイドメニューを提供できるようにしました。また、人形町界隈の飲食店のほとんどは日曜日がお休みでしたが、私たち

オープン当時のブラザーズ人形町店の外観

のような新参者は休みを取るほど余裕がないので、日曜日も営業、年中無休で頑張ることにしました。

日曜日には実家の埼玉から両親がわざわざ手伝いに来てくれて、手料理も持ってきてくれました。

しかし、お客さんが入ったのは初めだけ、日に日にお客さんの数は減っていき、ランチタイムのピーク時以外は店内に閑古鳥《かんこどり》が鳴くようになりました。特にディナータイムは惨憺《さんたん》たるもので、売上数千円なんてこともよくありました。

オープン数日間は売れて得意だった私ですが、お客さんが入らないという現実を知り、商売というのはそんなに甘くはないことを痛感じました。

名も知られていないお店が最初からブレイクするなどというのは、めったに起こりません。今思えば、商売を始めてから軌道に乗るまでの期間は、お店の体制を整え、技術を磨き、人を育て、経営者として足りない精神力を鍛える期間だったのでは、と思います。開店してから数年間は休んだ記憶はなく、四〇度の熱が出ようが、包丁で手を深く切ろうが、根性で乗り切るしかありませんでした。

オープン数カ月後の閑散とした店内

当時はハンバーガーといえばファストフードが主流の時代で、いわゆる「グルメバーガー」といわれる業界はまだ確立されていませんでした。グルメバーガーとは、素材や手作りにこだわった高級ハンバーガーのことで、二〇〇六年くらいからこの言葉が頻繁に使われ始めました。私たちの世代（一九七〇年代生まれ）は映画や音楽などのアメリカンカルチャーにも親しみがあり、そのようなカルチャーに慣れ親しんだ人たちが作った、どちらかというとチェーン店というよりは個人店が多い、個性的かつこだわりのハンバーガーを提供しているお店全体を、「グルメバーガー業界」と呼んでいます。子供の頃からファストフードのようなハンバーガーに慣れ親しんでいる世代であるがゆえ、さらにワンランク上の味を求めてグルメバーガーを作るようになったのかもしれません。

現在グルメバーガーを扱うお店は全国に数百店舗はありますが、当時で言えば、前述の本郷三丁目の「ファイヤーハウス」、五反田の「フランクリン・アベニュー」、広尾の「ホームワークス」、三宿《みしゅく》の「ファンゴー」（当時はサンドイッチ専門店）、そしてグルメバーガーからは少し外れますが、六本木の「ザ・ハンバーガー・イン」くらいでした。

グルメバーガーは、ファストフードと違い、価格も一個一〇〇〇円前後します。価格帯の違いから、開店当時は「なんでこんなに高いの？」とよく言われました。その度に、一つ一つが大量生産ではなく手作りであること、また原価もパティ一枚でファストフードのハンバーガー一個の値段を超えることなどをご説明し、納得してもらえるよう真摯に対応しました。「ハンバーガー＝ファストフード」という固定観念をどう崩していくかというのは一つの課題でしたが、長く継続して営業することで定着し、解決していく問題だと思っていました。

一年目の売上は平均して一日五万円、一カ月一五〇万円ほどでした。まずは「一日一〇万円、月商三〇〇万円」という売上目標を立てて営業しました。

営業する上で、従業員の問題や金銭面の問題など、困難な出来事は色々とありましたが、「お客さんが来ない」というのが何より辛いことでした。お客さんが来なくても、家賃や光熱費が下がるわけでもなく、人件費は発生し、食材は無駄になります。気持ちばかり焦り、何も生み出せず、やるべきことがないことによってモチベーションが低下するという悪循環が生まれてしまいました。お客さんが入らないことで、お店の中にマイナスエネルギーを発さないよう心がけましたが、従業員間のたわいのない会話が、危機感を感じている私にはイライラを募らせます。何時間かぶりにお客さんが入ってきた瞬間は、私は「待ってました」と言わんばかりですが、ホールのスタッフがお客さんに気づかない。やっと来たと思ったお客さんが「ナポリタン」と注文する。スタッフに腹が立ち、お客さんに対してまで腹が立ってしまう。そんな不安定な精神状態で働いていました。

お客さんをもっと入れるために、メニューを変えてみたり、照明の明るさや店内で流れる音楽の音量を調整したり、入り口の看板の位置や内容を変更したり、お客さんを観察しながら考えられる様々な工夫を試みました。

そのなかでも特にやっていたことは、街頭でのチラシ配りとポスティングです。開店してから数カ月経った頃、すぐ近くに住んでいる方とお話をする機会があった時に、その方が私たちのお店の存在を知らなかったということがありました。真っ赤で目立つ店であるにもかかわらず、「お店が思っている以上に知られていない」という現実を知ったわけです。その経験から、開業から二十一年経った今でも街頭でのチラシ配りを実践していきます。車のエンジンをかけてアクセルを踏む時のように、走り出しというのは非常に大きなエネルギーを要します。当時は、お客さんが入らないという不安を、チラシ配りという行動で払拭《ふっしょく》していました。ただお店に立ってお客さんを待つのではなく、入らないならこちらから動く。特に開業時は「お店を知ってもらう努力」をして、そこにお店があるということを周囲に知らせることに専念しました。そして、本当に繁盛するためには、地域だけでなく全国レベルでお店を知らせる必要があると感じていました。

またこの売れない時期に、「一人のお客さんを最大限に満足させ、再来店につなげる」という強い意志を持って、料理の品質やサービスを向上させることに注力しました。

ある台風の日のエピソードです。台風なので店を閉めるか閉めないか悩んだ挙句、「一人でも来てくれるなら営業しよう」と決め、外がゴーゴーいうなか、一時間、二時間経ってもお客さんは来ず、祈る気持ちで営業していました。そして営業終了間近の最後の最後で、奇跡的にお客さんが一人入ってくれました。「お店を開けていて良かった」という安堵感のなかで、自分が作れる精一杯のハンバーガーを心を込めて作ったことを覚えています。

このような体験を通して、一つ一つのハンバーガーを精魂込めて作れば、きっとお客さんにも伝わるはず、そう信じて営業してきました。そのためにも、塩を振る動作、パティを返すタイミングなど、仕込みから始まる一つ一つの動作に心を込めて、妥協なきハンバーガー作りを心がけました。

「魂を込める」とは、「思い」を何かに注入することです。商品には「愛情」を注ぐことができます。「芸術性」を注ぐことができます。「生き様」を注ぐことができます。「楽しさ」を注ぐこともできます。「美しさ」「勇ましさ」「思いやり」を注ぐこともできます。絵が画家の心を表現するように、人間が作るものには、その人の精神が宿っているのです。自分が生み出すものに魂を込めることで、その商品が生き生きとし、それをほかの人が感じ取り、感動させるのです。

また、「美味しい」という言葉は、「ものの味が良い」という意味で使われていますが、元々この言葉は、「いしい」に接頭語の「お」をつけた言葉です。「いし」は「美し」と書き、「良い。好ましい。優れている。見事だ」という意味です。その後、当て字で「美味しい」と書くようになりました。

美しい絵画を「目」で知覚して、絵を感じること。素晴らしい音楽を「耳」から知覚して、音を感じること。美味しい料理を「口」から知覚して、味を感じること。つまり料理も、「美」を創造する芸術活動なのです。

また、「うまい」という言葉も、「美味い」とも書きますが、「上手い」とか「巧い」とも書きます。つまり、「腕前が優れていて、巧みである」という意味にもなるのです。

お客さんから「美味しい」「うまい」という言葉が出た時は、「料理の味が良い」と同時に「作り手の腕前がいい」ということを伝えてくれているわけです。そして、その「美味しい」「うまい」というポジティブな言葉が、幸せを伝播させていく。作り手の想いが形となり、その想いがお客さんに伝わっていく。料理にはそのような力があります。

ハンバーガーも、毎日賄《まかな》いで食べながら味をチェックして、どうすればもっと美味しくなるかと日々研究していました。

私たちのハンバーガーは一〇〇〇円以上という価格で販売しているわけですが、商品を作る時の想いには値段などつけられません。「真心」「おもいやり」「喜んでもらおうという気持ち」には、そもそも値段はつけられません。そのような気持ちで作るハンバーガーには価値があると信じています。

さて、年を追うごとに、じわじわと売上は上がっていきましたが、悪化していったのは兄弟関係です。兄とは考え方の相違から口論に発展することが増えていってしまいました。「ブラザーズ」という店名なのに、兄弟の仲が悪いというのはとても辛いことでした。私たちがうまく経営できなかった大きな要因は、「共同経営」という経営スタイルでした。最終的な決定権を持つ人が二人では、意見の相違が出た時に物事が難航し、結局うやむやになってしまうのです。

私はある時から、「このまま一緒にはやっていけない」「昔のような、真の兄弟仲を取り戻したい」という思いから、兄弟別々でお店をやるか、どちらかが辞める、という二つの選択肢しかないと思いました。最終的には開店二年半で兄は別の道へ進むことになりました。

兄がいなくなってから、兄弟経営ではなくなったため、店名のブラザーズを変えようかどうか悩みましたが、ブラザーズの原点は「兄弟」にあるということを忘れないために、そのまま名前を残すことにしました。兄の存在なくして、今のブラザーズはありません。昔を振り返ると、常に危機感と不安と隣り合わせで心に余裕がなく、至らない点ばかりで兄には本当に迷惑をかけてしまいました。

兄はその後、貿易関係の仕事の傍ら、かつて「英語の書籍を出版したい」と語っていた目標を実現させました。現在までに単著を四冊、共著を含めると計七冊の書籍を出版し、別のフィールドで活躍しています。ブラザーズの立ち上げから一緒に行動し、苦楽を共にした兄には心から感謝しています。

兄弟経営から夫婦経営へ

兄が辞めた翌日から働き始めたのは、当時付き合っていた、現在の私の妻で会社の専務でもある裕子《ゆうこ》です。私が正式なオーナーになり、裕子を新たな協力者として迎え、ブラザーズの再スタートを切ることになりました。彼女とはお店をオープンして間もない頃から付き合い始めたので、お店の内部事情や、私の気持ちをよく理解してくれていました。彼女はホールを担当していましたが、いつも明るくテキパキとした対応で、お客さんからも好評でした。

彼女は私と知り合う前に離婚経験があり、子供を二人抱え、女手一つで育てていました。元々は結婚式場に勤めるバリバリの営業マンでしたが、仕事をもって小さな子供たちの面倒を見ることができないため、お店で働く前までは内職をして生計を立てていました。当時も子供を抱えたまま、私を全力でサポートしてくれました。

妻・裕子と

その後、彼女と結婚し、彼女の子供と共に、四人で新生活をスタートしました。長男の大暉《だいき》（当時小学校三年生）は、とても人なつこい性格で、初めて会った時に動物園へ行ったのですが、緊張している私をリードしてくれて、後半には肩車をしてあげられるくらい、仲良くなってくれました。長女の彩乃《あやの》（当時小学校一年生）は、とても照れ屋さんでしたが、コミュニケーションを通して最後には打ち解けてくれるようになりました。

家族が増えて、お店を繁盛させることだけでなく、家族を養うという責任もプラスされました。お店は個人事業でしたが、裕子がブラザーズに入ってきたタイミングで、ブラザーズを有限会社として登録しました。二〇〇四年十二月のことです。

経営的にも厳しい状況は続き、一日一日が存続の危機と隣り合わせでした。また、毎月の家賃や食材、従業員に支払う給料などを捻出するのも困難な状況で、時には銀行の通帳残高が数千円という状況もありました。そんな時は私と裕子の給料の取り分を削って何とか凌ぎました。

危機的な状況で心に余裕がなかったため、仕事中も部下に対してかなり厳しく指導したことで、人がどんどん辞めていき、私と裕子と日本へ来たばかりの中国人アルバイトの陳《ちん》興華《こうか》君だけになってしまいました。彼は日本語を一切話せず、文化の違いに戸惑いながらも私たち夫婦を気遣ってくれ、一生懸命働いてくれました。当時、裕子は妊娠中で、お腹が大きくなっても今まで通りに働いてくれましたが、重いものを運ぶ姿を見ると、気が気ではありませんでした。身重な体で電車通勤し、毎日働いてもらっていたことを思い出すと、今でも申し訳ない気持ちでいっぱいになります。裕子は出産する一週間前まで仕事をしていました。

その後、元気な子供が生まれ、家族五人での生活となりました。

「勇気を持って、自ら何かを起こせるように」という思いから「勇起《ゆうき》」という名前をつけました。

　仕事が忙しかったため、勇起は生まれてすぐに保育園に預けましたが、預かってもらえない日は、お店で私か裕子が勇起を背負いながら仕事をしていた時期もありました。厨房にいる時は、できるだけお客さんに気を遣わせないよう、子供の姿を見られないように努めましたが、忙しい時間帯に背中で泣いてしまったりすると大変でした。そんな時は、すぐにスタッフルームへ移動し、冷凍ストッカーの上で寝かしつけていました。

　勇起が生まれてしばらくしてから、通勤時間を短くするため、引っ越し費用を捻出し、江戸川区小岩にある裕子の実家からお店のある人形町の近くに越すことにしました。当時は私と裕子と数人でお店を回していたため、休みなしの状況は変わりませんでした。

　また、家の中では「夫婦」、お店の中では「上司と部下」という関係もまた、二十四時間生活を共にする上での大きな壁となりました。私たちがお店にいる時は、上下関係を作り、時には妻を妻と思わずに猛烈に指導しました。それは、兄との共同経営の経験から、二度と同じような思いをしたくなかったからです。私が言ったことに反発するようであれば、容赦はしませんでした。

以前、兄と一緒に仕事をしていた時に、ドアを開けて営業するかどうかで口論になったことがあります。お客さんが入らなかった時期だったため、私は一人でも多くのお客さんに気軽に来店してもらえるよう、「ドアを開けたほうがお客さんが入りやすい」という案を出し、兄は既存客を大事にしようという思いから、「開けていると中にいるお客さんが寒がるので閉めるべき」と主張し、意見がぶつかりました。今思えばどちらも正しいのですが、当時は「どちらがより正しいか」よりも、「自分の主張を通す」ことに頑《かたく》なになり、最終的には私の意見を押し通し、ドアを開けて営業することになりました。

そんな経験もあり、寒がっていた妊娠中の妻から「寒いから閉めていい？」と言われた時にも、以前の兄とのやりとりに固執《こしつ》して、「閉めてはいけない」と、自分の意見を貫きました。妻は泣いて訴えましたが、それでも私はよしとしませんでした。これは私にとっても妻にとっても、とても辛い出来事でした。

年に一度お店の休業日をとっていましたが、その日は毎年決まって高熱を出しました。きっと酷使していた体の緊張の糸が切れて、休みの間に回復するよう体が働きかけたのだと思います。それでも、家族と過ごす時間はめったになかったので、高熱のなかディズニーランドへ行ったことを覚えています。スプラッシュ・マウンテンでずぶ濡れになった時はさすがに参りました。

残った仕事を妻が家に持ち帰り、子供たちが手伝ってくれることもありました。特に彩乃は生まれたばかりの勇起の面倒をよく見てくれて、当時小学生だったにもかかわらず、保育園に迎えに行ったり、ご飯を食べさせたりしてくれました。彩乃が後に保育士の仕事に就いたのも、この経験が生かされたのだと思います。

妻とは数え切れないくらいたくさんのケンカをしましたが、今まで続けてこられたのも、毎回納得のいくまでコミュニケーションを取ってきたからだと思います。いくつかの窮地も、お互いを理解するまで何時間もかけて徹底して話し合い、「ネガティブな感情を翌日の営業には絶対に持ち込まない」というルールを作っていたからこそ、乗り越えられたのかもしれません。

夫婦間に限らず、スタッフやお客さん、取引業者さんと良好な関係を築くためには、良好なコミュニケーションが不可欠です。人はコミュニケーションをすればするほど生き生きとしてきます。お互いに気づいたことや問題点を正直に、真心をもって話し合うことで、仕事もより良いものになっていきます。

相手に嫌われることを恐れて、自分が気づいたことを言わなかったり、見て見ぬふりをしたりしていては、良い関係は築けません。嫌われることを恐れて和を保とうとするのは、大きな間違いです。勇気を持って自分が感じたことや考えを伝えることで、お互いを理解することにつながり、より良い仕事ができるチームへと進化していきます。

「コミュニケーション力が高い」とは、よどみなく話すことや格好良く話すことではありません。雑談が得意ということでもありません。良好なコミュニケーションとは、良き話し手として相手が理解できるように伝え、そして良い聞き手として相手の考えを受け取り理解することで、相互理解を達成することです。

コミュニケーションのなかでも特に頻繁に行われるのは「挨拶」です。挨拶には「はじめまして」「こんにちは」「おはようございます」「さようなら」「お疲れ様でした」など様々な形があります。挨拶は相手に敬意や親愛の意を示す行為であり、対人関係を円滑にできる最も簡単なコミュニケーションです。

挨拶をしても挨拶を返してくれなかったり、元気のない挨拶が返ってきたりすることもあります。そんな時、私は「コミュニケーションのレベルを高める実践」と受け止め、自分の姿勢を崩さずに、根気強く元気な挨拶をかけ続けるようにしています。そうすると、相手の態度が少しずつ変わっていき、最後には友好的な挨拶をしてくれるようになることがよくあります。

上司として部下を育てる時も同じです。部下の言動に腹が立つことや、怒鳴《どな》りたくなるような衝動に駆られることもあるかもしれません。正常な判断力を失い、混乱して好ましくない言動に走らないよう、忍耐力と自制心を持って、良いコミュニケーションを続けることで、良い関係が築けます。

長年サポートし続けてくれている妻の裕子には本当に感謝しています。仕事でも家庭でも二十四時間ほぼ一緒にいる妻といまだに良い関係を保っているのは、奇跡としか言いようがありません。夫婦とは、お互いにとって良き理解者であると同時に、自分を高めてくれる人生の良き修行相手でもあるかのようです。

目標と努力の見積もり

お店が四年目に入ると、開店時に掲げた「一日一〇万円、月商三〇〇万円」の売上にも到達しました。経営する上で売上が上がるのは嬉しいことです。それはお金の話ではなく、自分たちの良い仕事の結果を表すものであり、お客さんが満足しているというサインだからです。

目標を達成するには、「そのためにどのくらいの努力が必要か」を見積もることが必要です。

例えば、軽い荷物を持ち上げる時と重い荷物を持ち上げる時とでは、力の加減に違いがあります。軽い荷物を持ち上げる時の力で重い荷物を持ち上げようとしても、持ち上げることはできません。軽い力しかかけなかったために重い荷物を持ち上げられなかった場合、人は、「荷物が重すぎる」などと、荷物や荷物を詰めた人に文句を言います。しかし、荷物を持ち上げられなかった本当の理由は、荷物を持ち上げるために必要な力の見積もりが甘かったからです。

何かを成し遂げる時には、目標に応じた努力が必要です。努力を正しく見積もらないと失敗します。正しく見積もって行動できれば、たとえうまくいかなかったとしても、ネガティブな感情に陥ることはなく、失敗したとも感じません。セールスを一件取ること、お客さんを一人来店させること、お客さんを常連さんにすること、技術を身につけることなど、一つ一つに必要な努力を見積もり、正しい量の行動をとることが大切です。結局のところ、どんな目標もクリアできないのは、「前に推し進める力が足りなかった」からなのです。

また、ほんの小さな行動の差は、結果として大きな差になります。これを「微差《びさ》は大差」といいます。

例えば、目標を二〇万円に設定した場合、一九万九九九円と二〇万円の間には一円の差しかありませんが、一円の差を超えられなかったことで、目標に到達しなかったわけです。あと一歩の行動で埋められた一円を、自力で取りに行かなかった。この差は大きいのです。今年（二〇二一年）開催された東京オリンピックの女子走り幅跳びの金メダルと銀メダルの差は、たった三センチでした。まさに「微差は大差」です。

行動についても同じことが言えます。まったく行動しないのと、ほんの少しでも行動するのとでは、その差は非常に大きいのです。ゼロと一の差は小さく見えますが、「少しでも行動できた」という心を持つことの力は大きなものです。ゼロを一に変えるには、とてつもない努力が必要なのです。

営業していると、「あと一歩で目標が達成できなかった」ということはよくあります。日々「あと一歩」の行動を心がけることで、「あの時、こうしておけば良かった」と後悔することはなくなり、「やっておいてよかった」と思えるようになります。これは、イエローハット創業者の鍵山秀三郎《ひでさぶろう》さんから教えてもらいました。

行動について、もう一つ大事なことは、「誰かがやってくれる」と思うのではなく、「私がやる」という考え方です。「誰かがやってくれる」というのは、他人依存で責任感を伴わない考え方です。全く責任を持たずに行動している人は、従僕のようなものです。「私は責任を取りたくないが、自由になりたい」というのは、「私は死にたくないが、天国に行きたい」と言っているようなものです。辻褄《つじつま》が合いません。

誰もやりたがらないことを、率先垂範《そっせんすいはん》して行動していくことで、行動の質、そして人間の質が向上します。

経営者や役員を意味する executive《エグゼクティブ》という言葉がありますが、execute とは「実行」を意味します。経営陣は実行することに長《た》けている必要があるのです。

第3章

目標の実現と店舗展開

理想の光景

開業時に掲げた売上目標は達成しましたが、それ以前から目指していた、より大きな目標がありました。それは、「三〇人以上の行列ができるお店」という目標です。開店当初、お客さんが入らなかった時期に、ランチタイムに人形町の町を歩いてほかの飲食店を調査していると、人形町駅前の「玉ひで」という有名な親子丼のお店や、「柳家」というたい焼きのお店が大盛況で、長い行列ができていました。「いつの日か、ブラザーズもこのお店のように長蛇の列ができるくらいの繁盛店にしたい」と、その光景をブラザーズのお店に当てはめて思い浮かべました。その時に数えた「玉ひで」の行列が三〇人だったのが、「三〇人の行列」という目標の始まりです。かたや行列ができる繁盛店、かたや閑古鳥が鳴く店。そんなことを成し遂げられたらすごいことだとワクワクしました。

またこの頃、ラジオや雑誌の取材も少しずつ増えてきて、じわじわとお店の存在が知られるようになってきていました。開店当初の土日の売上は惨憺《さんたん》たるものでしたが、雑誌の取材や、「ハンバーガーランキング」のような企画で、ありがたいことに多くのお店のなかでトップ評価をいただけるようになったことで、わざわざ遠方から来店されるお客さんも増えてきて、土日には平日よりも良い売上を出せるようになってきました。

たとえば、雑誌『BRUTUS』（マガジンハウス）の企画「日本一の『手みやげ』はどれだ⁉」二〇〇六年版のハンバーガー部門で一位を獲得することができました。雑誌の担当者がこの企画の審査員に食べてもらうためのハンバーガーを取りに来る時には、お店は営業時間外だったのですが、その一つのために鉄板に火をつけて、魂を込めて作ったのを覚えています。そんな努力が実ってか、審査員の一人、作曲家の松任谷正隆さんが、全ての手みやげ一九二品目中の個人的第一位に選んでくださいました。

玉ひでの行列

また、『Lightning』（枻《えい》出版社〈当時〉）という雑誌に取り上げられたのを皮切りに、地方から、将来自分のハンバーガー店を開きたいという独立希望者がスタッフとして働きに来るようになったのもこの頃です。

五年目に入った時に、初のテレビ取材も決まりました。夕方のニュースの中で放送されるグルメレポートのコーナーで、放送時間は三分ほどでしたが、放送された時間帯にはひっきりなしに電話がかかってきました。その頃からコンスタントに行列もできるようになり、売上も月商四〇〇万円台に突入しました。

売上が上がっても、下積み時代を忘れないよう、とにかく一人一人のお客さんを大事にしながら、「自分たちにとっては一〇〇個のハンバーガーでも、お客さんにとっては一個のハンバーガー」を合言葉に、最高の品質と思いを込めたハンバーガーを、最高の状態でコンマ一秒でも早く提供できるよう心がけました。スタッフ間のチームワークも徹底して、混雑した時でも流れを止めずお店がスムーズに営業できるようにしました。日々の営業を振り返り、流れを止めているもの、邪魔するもの、気を逸《そ》らすもの、スピードを落とすものが何であるか、ということを注意深く観察し、それらを一つ一つ排除していったのです。

常連さんも目に見えて増えていき、開業時から継続して行っていたチラシ配りの成果もあって、新規のお客さんも増えていきました。また、行列ができると、それだけで良いPRとなり、行列が行列を呼ぶようになっていきました。それでも、外で待っているお客さんは多くても一五人くらいで、目標の三〇人にはまだまだ足りない状態でした。

ある日、お店の外観をチェックしていた時、お店の前にお客さんのものでない自転車が停まっているのを目にしました。近くに持ち主がいたので一声かけて、違う場所に移動してもらうようお願いすると、「この店は有名なお店ですよね」と言われました。自転車を置いてしまったお詫びをお世辞でカバーしようとしているのだなと思いましたが、その後、ほかにも同じように言ってくる人がちらほら出てきました。「うちが有名店?」、行列ができたり、テレビで取り上げられたりすると、そのお店が「有名店」だと周囲が自然に評価し始める、ということがわかりました。また取引業者さんの態度も明らかに良くなってきました。たくさん売ることで、「注文の量が変わると、人の態度までも変わるものなのか」ということを肌で感じました。

その後もテレビの取材が続きましたが、大きな転機となったのは、堺正章さんが司会を務めたTBS土曜日深夜の料理番組「チューボーですよ!」への出演です（二〇〇五年十一月二十六日放送）。取材は一日にわたり、放送後の反響も非常に高く、放送翌日から行列はさらに増え、食材が足りなくなるほど注文が増えました。元々お店をご利用いただいていた堺さんご本人からも、お店の近くにある明治座で公演する際にご注文をいただくことがあり、今では明治座に出演する多くの俳優さんからご注文をいただいています。

店内にお客さんが溢れる忙しさ。体力的にはとても大変ですが、「お客さんが来ない」という精神的な苦痛と比べれば、どうということはありません。仕事がある喜び、そして仕事ができる喜びは大きな充実感をもたらしてくれました。

動きが少なく、何も生み出さないことほど、退屈で、不幸なものはありません。動きが全くないというのは、死んでいるも同然です。家や車など欲しいものを全て持っていて、何でも好きなことができてしまう大金持ちを羨ましいと思うかもしれませんが、「人生に障害がない」というのはとても不幸なことです。

それは例えば、サッカーをする際に、ゴールポストだけが存在し、敵プレイヤーがいないようなものです。敵プレイヤーがいるからこそ、自分の技を磨くために練習をしたり、仲間と切磋琢磨したりすることで、自己成長が可能となります。勝てると決まっている試合をしても、何も楽しくありません。蹴るシュートが全てゴールに入ってしまったら、ゴールを入れる喜びもありません。

短期的、もしくは長期的な高い目標を持ち、自分の個性を発揮し、能力を高めながら、立ちはだかる障害を乗り越えること。人生もスポーツのようなものです。目標の大きさに応じて、障害の大きさも変わります。障害が大きければ大きいほど、個性や能力もより大きなものが必要となります。車を運転する時に、後ろや横の障害物に注意が向きすぎて前にあるものや人にぶつかりそうな時があるように、前にある目標（未来）だけを見続けて力強く前進し続ければ、後ろや横から来る障害（過去）を気にせずにいられるだけでなく、大型トラクターくらいの勢い（熱意・パワー）があれば、前から来る障害をも征服できるのです。

物事を深刻に捉えず、スポーツのように熱意を持って楽しむ気持ちで行動することが大切です。

また、人生というものは上昇するか下降するかのどちらかしかありません。人生の状態は常に一定ではなく、変化しないものなどありません。現状維持さえも下降を意味します。ですから、経営や人生においては、常に次のステージへと上昇するために、挑戦し続ける以外に選択肢はないのです。何もしないでいる人生は一見楽に見えますが、そのような状態が続くと、人生そのものが下降していきます。人生は挑戦の連続であり、その時々に舞い降りてくる困難に向き合い、乗り越える過程こそが、生きている証なのだと思うのです。挑戦をやめて安住してしまったら、たとえ身体は生きていても、心は退化していってしまいます。

さて、それ以降ほかのテレビ取材も相次いで入り続け、お客さんがお店の前で開店を待っているような光景が増えていきました。売上も、火をつけたロケットのごとく、垂直上昇していきました。しかし、テレビ放送によってお客さんが増えたとしても、数週間もすれば元の状態に戻ると予想できたので、一過性のもので終わらせないよう、「ここで来てくれたお客さんに『もう一度来たい』と思わせる」という気持ちで営業に臨みました。

ブラザーズではテーブルに設置しているアンケートで来店の動機を書いてもらっています。飲食業を経営されている方はご存じかと思いますが、来店動機の八〜九割でダントツに多いのは「口コミ」です。良い口コミは一番信用できる情報源です。一つの良い口コミが一人のお客さんに伝わり、その後何人に広がるか、その広がりは途方もない数にまで発展する可能性があります。またそれとは逆に、悪い評判は、良い評判よりも何倍も早く伝わってしまいます。お客さんに喜びや元気、感動を与えられるような、最高の商品と最高のサービスを追求し続けること。そしてそれを作る「心」をよりいっそう磨き上げること。これに専念すれば、自然と良い口コミは広がっていきます。

テレビ取材も後押しし、来店してくれるお客さんも増えていくなかで、日々自分たちのスキルを上げながら、忙しく営業していたある日のことです。その日も徐々に行列が増えていきました。店内にいるスタッフも首尾よくテキパキと作業をこなし、私も「お客さんを待たせることなく、できるだけ早く店内に通してあげたい」という気持ちで営業していました。すると、外で待っているお客さんを店内に誘導していた裕子が、厨房でハンバーガーを焼いている私に声をかけてきました。「すごく並んでいるよ」。私は目の前のオーダーをこなすことに必死でしたが、忙しすぎて忘れかけていた「三〇人の行列」の目標がふと頭をよぎり、「今何人並んでいるか数えてきて」と裕子に伝えました。

裕子は外に出て、しばらくしてから戻ってくると、嬉しそうに、「三〇人以上並んでいるよ！」と教えてくれました。その言葉を聞いた瞬間、開業から現在に至るまでの出来事が走馬灯のように蘇り、「長い間追い求めていた理想の光景がついに叶った」という感動が心の底から湧き起こり、流れてくる涙をこらえながらハンバーガーを焼き続けたのを覚えています。

京セラの創業者、稲盛和夫さんはこのように述べています。

「鮮明なビジョン」が、成功に至る確信と、ひたむきな努力への意志を固め、そして他の人間に意欲を持たせ、成功へと導くのです。

出典：『成功への情熱』（ＰＨＰ研究所）

ブラザーズの行列

稲盛さんは、自分の考えているテーマがカラー映像で見えるようになるまで、これを続けるそうです。

「鮮明なビジョン」は「自分が理想とする光景」と言い換えることもできます。それは、自分の活動の先の未来にある、理想的なイメージのことです。例えば、受験生が志望校に合格した瞬間の自分を思い描くこと、売れていないミュージシャンが大きな会場でたくさんの観客を前にして演奏している自分を想像することなどです。

理想の光景を持ち、現実と比較して、そのギャップ（差）を縮めるために何を行うべきか？　とるべき行動を一つ一つリストにし、追加や修正を加えながら、一つ一つクリアしていくことで、理想の光景に近づいていきます。現実と理想の差を縮めていけるよう、リスト化したものを一つ取り上げて、その一つを完了に導くために行動すれば、じわじわと理想の光景に近づいていきます。

「継続は力なり」というのは、「何事も続けることで成功につながる」という意味です。続けることができない、つまり、一度心に決めたことを、理由をつけて途中で投げ出したり、推し進めることをやめてしまったり、できるまでやらないで諦めてしまったりするのは、単に規律が欠けているからです。「規律が欠けている」とは、例えば、だらだらやったり、手を抜いたり、さぼったりして、どこかだらしがなく、いい加減で、物事を先延ばしにしたりすることをいいます。

規律が欠けると、秩序が乱れます。部屋が汚れます。洗濯物や洗い物が溜まります。未完了なものが増えるために、仕事が滞ります。その結果、心が乱れやすくなり、調子を崩しやすくなります。規律が入っていると、物事はシンプルに進みますが、規律が欠けると、物事をどんどん複雑にしてしまいます。

また、継続するということは、言葉を換えると、「自らの自尊心を高めるための修練」であるとも言えます。「自尊心」とは、「自分の人格に誇りと品位を保つ心」です。英語ではself-esteem（selfは「自分」、esteemは「尊敬」）、つまり立派な人を尊敬するのと同じように、「自分が自分自身を尊敬すること」をいいます。自分との約束を守らなかったり、決めたことを途中で投げ出したり、正しいと思うことを行動に移せなかったり、または正しいと思う行いに反することをしたりすると、自尊心は低下していきます。自分との約束を守ることは、自尊心を高めてくれます。そして自分との約束を守り続けることが重要です。途中で投げ出さずに継続することで、自尊心は着実に高まっていきます。

他人に対して親切にするのと同じように、自分自身に対しても思いやりを持つことが大切です。自分を軽く扱って自己卑下するのは良いことではありません。「私なんか……」「私などのような……」といった言い回しは相手を尊重する気持ちから出てくるのだと思いますが、それは「おまえなんか……」「おまえなどのような……」という考えにもつながります。人は自分を扱うのと同じように他人を扱うものです。自分を尊重することが、他人を尊重することにつながるのです。

自尊心は、他人からどう評価されるかで決まるものではありません。他人の意見や評価を基準に判断するのは、曇っているまたは割れている鏡に映る自分の姿を見るようなものです。例えば、カンニングをしてテストで良い点数を取ることで皆から尊敬されたとしても、自分はカンニングをしたという事実を知っているわけです。人は騙せても、自分を騙すことはできません。自分に対して正しい評価を下せるのは、自分しかいないのです。

人に知られることなく良い行いを積み重ねることを「陰徳《いんとく》」といいます。人は誰からも見られていないところでは悪さをしがちですが、そのような「密かに行う悪行」は、自尊心を低下させてしまいます。逆に、見返りを求めず「密かに行う善行」は、自尊心を高めてくれます。例えば、町のゴミを拾う、休みの日に（上司が見ていないところで）仕事をする、人知れず寄付をする、人の良い行いを周りに伝えてその人の評判を上げるなどです。

困難と挫折を繰り返しながらも、「理想の光景」に注意を向け続け、現実になるまで諦めずにやり続けたこの「三〇人の行列」の目標の達成は、私の自尊心を大きく高めてくれる体験となりました。

経営者として

お店が本格的に繁盛し始めて、私たち夫婦の給料も出せるようになり、生活に不自由することはなくなりました。しかし、「三〇人の行列」の目標を達成した後、私は空っぽな気持ちになってしまいました。今まであまりにも長い期間大きな目標を追い続けてついに実現したため、次の目標を定める気力がなくなってしまったのです。お店は忙しく、まだまだ繁盛する余地があったので、「『お客さんが来ない』という苦痛に比べれば、大した問題ではない」と自分に言い聞かせ、毎月の売上目標を立てながら今以上に繁盛できるよう努めていました。

その頃、お店では「将来自分のハンバーガー店をやりたい」という独立希望者が何人か働いていました。彼らには目的意識もあり、意欲もあるため、とても教えがいがありました。私自身かつては独立希望者としてハンバーガー店で働いていたということもあり、今度は彼らの夢の実現に向けて力になりたい、という思いがありました。

また、今まで休みなく働き続けたことで、家族と一緒に過ごす時間はほとんどありませんでした。長男の大暉が小学校五年生の頃にてんかん発作を発症させてしまい、突然意識を失うことが増えてきて学校に登校するのが困難な状況でもあったため、少なくとも裕子だけでも休みがとれるよう体制を整えていきました。

私は現場で何度かぎっくり腰になったことがあります。朝起きようとしても、腰に激痛が走って動けないのです。そんな時、お店を臨時休業しようか、または現在いるスタッフに任せて営業しようか迷った挙句、任せて営業しようと決めました。その理由は、売上を下げたくないという気持ちもありましたが、わざわざ足を運んでくれたお客さんをがっかりさせたくなかったからです。結果的に、自分が休むことで多少の失敗はあったものの、スタッフの頑張りによって、通常通りの営業を死守することができました。

「スタッフに営業を任せることができた」という体験から、それ以降はできるだけ現場を離れるよう意識し始めました。現場をスタッフに完全に任せることで、スタッフの責任感が向上し、力をつけているのを感じたからです。

そして、「独立希望者の夢を叶える手助けをすること」と「私たちがいなくても、店が回る現場を作ること」という目標を新たに設定しました。その目標は、私が現場から離れた状態でありながらも、組織をうまく運営できるよう管理すること、つまり、本当の意味での「経営者」になるという目標でもありました。

ちょうどその頃、良いタイミングでお店のすぐ近くにあるビルの二階と三階に空きができました。私と裕子が店舗から離れて仕事をする場所を確保するため、銀行から借入をし、そのビルの賃貸契約を結びました。また、人形町店のスタッフルームはとても狭く、二人入るとぎゅうぎゅう詰めになるのを解消したかったこともあり、新しく借りたビルの二階をスタッフルーム、三階をブラザーズの本部事務所にしました。

現場から離れるために自分の環境を整えたにもかかわらず、当初は現場が気になって仕方がなく、三階の窓からしょっちゅうお店を覗いては、行列の進みが遅くなった頃を見計らって現場に向かい、手伝っていました。現場スタッフにも、忙しくなって店が回らない時は私に連絡するようにと伝えていました。

そんなある日、忙しい時にいつものように現場に駆けつけて仕事を手伝っていると、ある部下がムスッとしていることに気がつきました。様子がおかしかったので、営業終了後に声をかけて話を聞きました。彼は、忙しい時でも私の力を借りずに営業できることを示したかったのに、私が現場に入ったのが悔しかった、と教えてくれました。

その言葉を聞いた時、お店が忙しくなって、スタッフが悪戦苦闘するなか、お店を助けるために現場に飛んでいくというその行為が裏目に出てしまっていたことに気がつきました。自分の仕事ぶりを部下に見せることで得意になっていたところもあり、任せると言いながらも、部下の失敗を恐れて、彼らを完全には信用していなかった。そして私自身、現場でたくさんの失敗を積み重ねながら、その度に反省し、工夫し、次に生かすという経験を通して、仕事を洗練させてきたにもかかわらず、その貴重な体験を部下から奪ってしまっていたのです。

この体験から、本当の意味で「現場をスタッフに任せる」という決断ができました。勇気のいる決断でしたが、当時の現場スタッフも期待に応えるべく奮闘してくれました。当時店長代理として働いていた横溝勝義君はその数年後、渋谷に「Reg-On Diner」を見事オープンしました。またこの時ムスッとしていたスタッフ、木村雄太君はその後、人形町店の店長として活躍し、ブラザーズに大きく貢献してくれました。彼は現在独立して、墨田区の人気店「shake tree burger & bar」を経営しています。

現場に入らない代わりに、仕事が終わった後に事務所で店長からその日一日の出来事を聞きながら、現在の課題点や、翌日に心がけることなどを話すスタイルに変えていきました。また、営業終了後、閉店作業がしっかり行われているかをチェックしました。スタッフが全員仕事を終わって帰った後、たまにお店を覗いて、使用した食材や道具が定位置に置いてあるか、閉店作業の掃除は完璧に行われているかなど、基本的なことをチェックして、気になった箇所をメモとして残し、出勤した時に、残したメモの項目一つ一つを完了するよう指示しました。

現場を任せることで、嫌な出来事もありました。来客数が好調の割には、売上がいま一つだったので、レジの伝票をチェックすると、訂正や取り消しボタンの表示が異様に多く、客単価も通常よりはるかに低くなっていました。いったん打ち込んだ伝票を取り消して別の伝票を打ち込み、その差額を盗んでいるスタッフがいたのです。

彼は接客に向いていそうな、愛想の良い、いつもニコニコしたスタッフで、信頼もしていたため、とてもショックでした。スタッフのことをわかっているようで、わかっていない。お店を管理しているつもりでも、管理できていない。管理者としての未熟さを知ることになった出来事でした。

開業時から多くのスタッフの教育に携わってきましたが、現場でスタッフに何かを教えることの難しさも身をもって体験しました。わかりやすく伝えたつもりでも、わかっていない。わかったふりをして、聞いていない。教えたことが行動につながらない。その場で注意しても、その時にはやるが、翌日には忘れている。教育に携わった人なら、このような体験をしている人がほとんどだと思います。そして、部下を育てることに失敗すると、その部下のせいにしてしまいがちです。その結果、部下を嫌いになっていってしまいます。そうならないためにも、自分が部下を有能に育てるということに全ての責任を担う覚悟、意欲、愛情、理解、忍耐力、自制心などが必要です。

教育は、一冊の本が書けるくらい奥の深いテーマです。ここで教育の内容を全て書くことはできませんが、私が教育する時に重点を置くポイントは、部下の「学ぼうとする意欲」です。当たり前の話ですが、意欲がなければ学ぶことはできません。人は、知りたいと思うから学びます。

国連環境計画が二〇一一年に発表した研究報告によると、地球で発見され、命名された生物種は約一二五万種あるとされていますが、それでも発見されたのはごくわずかで、陸上種の八六パーセント、海洋種の九一パーセントは未知のままであると言われています。

人生にはまだまだ知らないことがたくさんあります。年齢にかかわらず、「人生でもうこれ以上学ぶことがない」というのは不遜な態度だと思います。

ブラザーズの教育では、その学ぼうとする意欲を大切にしています。意欲がない場合は、その人とコミュニケーションを取り、価値観を確認しながら、その人の意欲を引き出せるよう努めます。

もう一つは、部下の「直面能力を上げる」ことです。

こんなエピソードがあります。以前、営業開始前の人形町のスタッフを全員集めて、お店近くの隅田川まで行き、「川に向かってできる限り大きな声で思ったことを叫ぶ」という、非常に居心地の悪い行為をさせたことがあります。最初は皆躊躇《ちゅうちょ》していましたが、一人一人が思いのたけを叫ぶ度に笑いが起こり、叫んだ後は誰もがすっきりした顔をしていました。

あらゆる問題は、物事と向き合わずに避けることで生じます。人に直面できなければ人の問題を抱えます。お金に直面できなければお金の問題を抱えます。

「自分にはできない」と思い込んでいることや、避けようとしていたり、ひるんだりするような、自信のない領域を単に「見る」ようにさせて、向き合わせ、そしてやらせることで、物事と向き合う能力を高めていきます。そうすることで、最初は苦手なことも、少しずつ慣れ親しんでいき、最終的には楽に向き合えるようになっていきます。結果的に、自信がついていきます。もちろん、そのように育てるということは、私自身が物事を避けたりせずに、意欲的に物事と向き合えなければなりません。

また、教育で重点を置いているポイントに、「心を作ること」があります。例えば、掃除のような日々行うルーティンワークがマンネリ化してしまうと、いい加減になり、手を抜きがちです。商品やサービスは「人」によって作られます。そして、その人の「心」によって、その商品とサービスの良し悪しが決定します。

その「心」を作るためには、日々の掃除の徹底が効果的です。また、掃除以外にも仕事をする上で基礎的なこともできるようにします。例えば、「使ったものを元に戻すこと」「元気よく挨拶すること」「返事をすること」「時間内に仕事場につくこと」「仕事を未完了のまま終わらせないこと」などです。さらに、「嘘をつかないこと」「悪口を言わないこと」「人に親切にすること」「人のせいにしないこと」といった道徳上の基礎も含めて、全てのベースとなる「心」を作ることに専念しています。こういった基礎的なことができるようになると、技術面、サービス面において良い影響が確実に出るようになっていきます。

開店当初、ランチタイムに店内が満席になってオーダーが殺到すると、あたふたしたり混乱したりして、作り間違いが発生したり品質の低い商品を提供してしまったりと失敗続きでした。ある時、オーダーが殺到した際に、心の中で「もっとこい」とか「まだまだいける」とつぶやき、ポジティブな心に意識を切り換えました。すると、周りで起きていることがよく見えるようになり、動じなくなりました。このように、心を変えれば仕事に取り組む姿勢が変化し、姿勢が変化すれば、良い商品、良いサービスを生み出すことにつながります。

そして、最も大切なことは、経営者は自らの心を高めることに専念すべき、ということです。経営者が常に心を進化させていくことで、会社はより力強く、良い方向へと向かい、スタッフもそれに応じて良い状態に変化していきます。

そんな教育方針のなかで、多くのスタッフが独立していきました。独立してうまくいく人の共通点は、一言でいうと「与え好き」だということです。つまり、もらうこと以上に、人を楽しませたり、喜ばせたり、役に立ったりして、人に与えることを自分の喜びとしている人たちが大体うまくいっています。また、そのようなスタッフは「将来自分のお店を持つ」という目標を持ちつつも、ブラザーズのことを自分のこととして考えてくれて、たとえ独立の準備ができていたとしても、仕事場での自分の責任を最後まで全うします。恩義に報い人情に厚いような、そういう人にこそチャンスが巡ってくるものだと私は考えます。

私にとって、スタッフが夢の実現に向けて会社を卒業していくことは、嬉しくもあり、寂しくもある瞬間です。一方で、ありがたいことに、元々独立希望で入社したにもかかわらず、ブラザーズで働き続けているスタッフもいます。十八年以上、会社を支えてくれている北浦裕子専務を筆頭に、十年以上、会社の発展に向けて厳しい時期を共に乗り越えてくれた金子慎太郎統括部長、本部の新城《しんじょう》邦也エクスペタイザー、人形町デリバリー店の北辻貴浩店長の尽力に負うところは大きいです。

独立希望者には、私が気持ち良く送り出せるよう、会社を辞める時は後釜をしっかり残して、一緒に働いている仲間の迷惑にならないように、そしてブラザーズのみんなから応援してもらえるような辞め方をするように、とあらかじめ入社時に伝えています。「ブラザーズを辞める時は、独立する時」。これは独立希望のスタッフを面接する時に、私がかけている言葉です。

ブラザーズのスタッフ（2011年）

ブラザーズを卒業した独立者たち
1　木村雄太　shake tree burger & bar　東京都墨田区亀沢 3-13-6 岩崎ビル 1F
2　原鉄平　BURGER & MILKSHAKE CRANE　東京都千代田区外神田 6-16-3
3　小林昇平　THE HAMBURGER　京都府京都市北区紫竹東栗栖町 7-4
4　陳興華　FEEL BURGER　埼玉県川口市栄町 2-1-5 パルクヒサダ 1F
（2013年閉店）
5　岩本浩明　Jams Sandwich & Cafe　東京都千代田区神田駿河台 3-3
EVE ビル 1F（ポップアップカフェ）
6　風早総一郎　風早いちご園　茨城県鉾田市半原 816-1
7　稲垣陽介　Gravy Burger　三重県鈴鹿市寺家町 4265-1
8　名坂修　Island Burgers　東京都新宿区四谷 3-1 須賀ビル 1F
9　上田晃大　HEAP BURGER STAND　岡山県岡山市北区大和町 1-14-7
東本ビル 1F
10　青山直哉　REDS' BURGER STORE　三重県四日市市鵜の森 1-4-5
泗水ビル 1F
11　東條正寿　Skippers'　東京都江東区潮見 2-1-10 メゾンデラメール 1F

株式会社ブラザーズ社員
a　北浦明雄　代表取締役
b　北浦裕子　専務取締役
c　金子慎太郎　本部統括部長
d　新城邦也　本部エクスペタイザー

店舗展開

ブラザーズは、開業二年目にデリバリー（出前）のサービスを始めました。近隣の会社からの注文も徐々に増えていきましたが、店内が忙しくなるにつれ、デリバリーにまで手が回らず、お断りせざるを得ない時もありました。また、テイクアウト（持ち帰り）の提供が遅れてしまい、お客さんを待たせてしまう場面もあるなど、求められているサービスに応えられない状況が続いたため、止むを得ずデリバリーのサービスを中断し、店内のサービスを優先することにしました。デリバリーをよくご利用いただいていたお客さんからは、残念がる声をいただきました。

しかし、私が現場から経営に回ったことで、この状況を打開する準備ができました。ブラザーズの新たな拠点を作ることにしたのです。人形町のお店とは別に、デリバリーとテイクアウト専門の店舗を作るため、以前お世話になった不動産屋さんに連絡をとって、物件を探してもらいました。

　事務所を探した時と同じように、この時も絶妙のタイミングで物件が見つかりました。お店から歩いてすぐのビルで、一階が駐車場の物件でした。坪数もデリバリーをやるにはちょうど良いサイズで、条件も悪くありません。すぐに契約を決め、銀行からの融資も得ることができ、二件目のブラザーズの構想が始まりました。お店の半分をデリバリー専門店に、残りの半分をテイクアウト専門店にすることにして、まずは半分の部分を工事してデリバリーの店舗を作りました。

ブラザーズ ホームデリバリー人形町店
(2008年オープン)

　しかし、デリバリーという商売形態は、レストランとして第一号店を開業した時と同じく、経験もなければ、知識もない、まさに手探りの状態での幕開けでした。当面の間は私と裕子とアルバイト小林昇平君（現在、京都の「THE HAMBURGER」店主）の三人で営業し、最終的には私が抜けてもお店がスムーズに回るよう、体制を整えていきました。

　バイクを三台購入し、人形町の入り組んだ道でもスムーズに配達できるよう、電動機付き自転車も一台準備しました。デリバリーのチラシや、ハンバーガーを入れるボックス、その他必要な資材も揃え、営業に臨みました。

まずは、デリバリー専門店ができたことをお客さんに知ってもらうため、チラシを大量に作って配りました。オーダーのない時間帯は、マンションやビルにポスティングをしたり、大きな会社の前でハンドアウト（手配り）をしたり、直接近隣の会社を訪問したりしました。その成果もあり、毎月少しずつオーダーが増えていきました。同時に、ブラザーズの存在がさらに広く知られるようになったことで、レストラン店舗の集客も増えていきました。

デリバリー店舗でも、たくさん失敗しました。お届け時間内に届けられない、注文と違ったものを届けてしまう、伝票を捨ててしまう、などです。一つ一つの失敗で士気が下がる度に、その失敗から学び、学んだことを次の営業に生かす、この繰り返しで物事がじわじわと改善されていきました。

デリバリーをオープンしてから二年後には、新たな融資を得てフロア半分の工事に着手、テイクアウト専門店を作りました。テイクアウト店が広まると、レストランのお客さんの回転数も上がり、手順にも馴れてテイクアウトのお客さんにもさほどお待たせすることなく提供できるようになりました。テイクアウト店をオープンした頃には、ブラザーズも十周年を迎えていました。

　余談ですが、テイクアウトの店舗をオープンする前、「テイクアウト店を成功させる」という自分の決意表明として、山手線を徒歩で一周することに挑戦しました。これは、ある劇団の俳優さんが劇団員の心を鍛えるために行っているトレーニングで、私もいつかやろうと思っていたことです。その頃は現場に出ていなかったので、事務所がある三階まで上がるのにも息切れするほど体力が低下していました。山手線一周は徒歩だと約四〇キロあります。歩く時のルールは、「水なし」「食べ物なし」「地図なし」「携帯なし」です。

ブラザーズ テイクアウト人形町店
(2010年オープン)

　夜十時に思い立って事務所を出発。神田駅から出発して、秋葉原、御徒町《おかちまち》、上野と順調に歩を進めました。思ったよりも駅と駅の距離が短く、「これは余裕でできそうだ」と思っていましたが、西日暮里《にしにっぽり》あたりで足が疲れてきました。巣鴨、大塚を迎える頃には既に足がつり始め、池袋あたりでは一歩歩くごとに足がつる状態に。まだ三分の一しか到達していないのに……。

一瞬「もうやめようかな」という考えが頭をよぎりました。とりあえず、最低でも半分の距離に位置する新宿まで行って、都営新宿線で帰ろうと思い、新宿まで歩きました。どうにかこうにか新宿に辿り着いた時には足の状態は限界に達していました。しかし、新宿に到達した時に、また別の考えが生まれました。

「もう一駅頑張ろう」

そして、次の駅が思っていたより近かったため、また同じように「もう一駅」。そして次の駅に到着すると、「あと一駅」。このような気持ちを繰り返しながら、目的地を目指しました。そうこうしているうちに残り三分の一の距離にあたる大崎の駅にまで辿り着くことができました。足には直径五センチの水ぶくれ、爪の色は変色、足は痙攣《けいれん》しっぱなしで、体がいよいよ限界に達しているのがわかりました。「もう一駅」という考え方にも限界が来たわけです。しばらくベンチで足を休めて、ボーっとしていました。その時に、新しい発想が生まれました。

「『もう一駅』ではなく『もう一歩』」

一歩足を前に出す度に、目には見えないけれど、目的地に一歩近づいている。ベンチから立ち上がり、一歩足を前に出すことを意識しながら、歩き始めました。一歩を進めていき、時々後ろを振り返り、「ずいぶん先まで進められた」と自分自身を鼓舞しながら、次の駅が視界に入ってくると、苦痛が一瞬喜びに変わり、「もしかしたら最後まで到達できるかも」という希望が見えてきました。有楽町に到着した頃には、ひざが完全に上がらなくなり、すり足で歩幅を小刻みに動かしながら、一メートルを十秒くらいかけて進んでいました。

結局計十五時間かけて出発地点の神田駅に戻ってくることができ、山手線一周をどうにか達成しました。神田駅からさらに徒歩で事務所に戻った時には、裕子が出迎えてくれました。彼女によると、到着した時には、身体中の血液が下に下がっているくらい、血の気のない顔をしていて、体も一回り小さくなったおじいさんのようだったそうです。その後二日間寝込んでしまいましたが、この一日だけで、足の筋力が相当つきました。

また、この山手線一周を最後までやり遂げたことで、テイクアウト店の成功は間違いないという確信を得ることもできました。

「大きな目標を達成するためには、それを構成する小さなステップを達成していく」と言いますが、その通りだと思います。

二〇一六年には反対回りでの山手線一周に挑戦しました。歩く時のルールは一回目と同じでしたが、一回目の半分くらいの所要時間で一周することができました。

さて、その後のデリバリーの需要はとても高く、毎年最高の売上を更新していくことができました。とても好調だったので、その翌年には、当時の配達エリアではカバーできないエリアにも新たに出店することを決め、江東区の東雲《しののめ》にもデリバリー専門店をオープンしました。

ブラザーズ 東雲店（2011年オープン）

なかなか空き物件が出ないエリアでしたが、あるビルを見て、「こういうところでやりたいな」と思った翌週に物件情報が入り、見に行くとそのビルの隣のテナントでした。この時は、さすがに何もかもがうまくいきすぎていると思いました。「神様が味方についてくれている」とさえ思いました。

しかし、東雲店のお店をオープンした四日後に起きたのが、東日本大震災でした。出来立てほやほやの新しい店舗には亀裂が入り、手直しが必要となりましたが、幸い営業する分には支障がなく、人形町のデリバリー店をオープンした時と同様に、大量のプロモーションで東雲店の存在を知らせることに力を注ぎ、以来東雲店の業績も好調です。

東雲店をオープンした翌年には、中央区の新富《しんとみ》に新たなレストラン店舗をオープンしました。ここは中央区の区役所前にある、非常に人気のある物件で、大手も手を挙げるほどたくさんの問い合わせがありましたが、最終的に、ビルのオーナーの方が人形町本店にこっそり視察に来られて、「トイレがきれいだった」という理由で、私たちに貸してくれることになりました。家賃は人形町のレストラン店舗の倍、席数も一・五倍の店舗でした。また、倉庫やスタッフルームも同時に探す必要がありましたが、こちらも絶妙なタイミングで、隣のビルの五階の会社が移転することになり、すぐに契約してスタッフルーム兼倉庫を確保できました。

ブラザーズ 新富町店（2012年オープン）

そして二〇一二年七月二十日、新富町店を無事オープンする運びとなりました。ちなみに七月二十日は、日本マクドナルドが銀座の三越に日本第一号店をオープンしたことを記念して、「ハンバーガーの日」に制定されています。

実は、このお店の場所が道路一本向こう側を渡ると銀座だったので、銀座という地名の魅力や知名度につられて、当初「ブラザーズ 銀座店」という名前でオープンしました。しかしその後、お店が新富にあるのに、銀座という名前を使うのが何となく後ろめたくなり、逆に新富を銀座くらいの知名度に押し上げようと、オープンしてからしばらくして、店舗名を「ブラザーズ 新富町店」に変更したという経緯があります。お店の名前を変えたことで、地元に根付くような感覚が生まれ、新富という町に愛着を持てるようになりました。

新富町店も今年で十年目に突入し、売上も好調で、おかげさまで多くのお客さんにご利用いただいています。

日本橋髙島屋店のオープン

二〇一九年九月には、小塚研介店長率いる新体制のもと、「ブラザーズ 日本橋髙島屋店」をオープンしました。個人経営からスタートした町の小さなグルメバーガー店が、髙島屋という日本を代表する一流百貨店に入ったこと――。これは、私たちのお店だけでなく、グルメバーガー業界全体の地位を押し上げることにつながったのではないかと思います。一昔前だったら、百貨店にグルメバーガー店が入るなど、誰も想像しなかったことです。出店費用は路面店舗と比べて三倍ほどかかりましたが、グルメバーガー業界に貢献できた価値ある出店となりました。日本橋髙島屋の新館が建設される前にあった建物の一階には、ロッテリアの日本第一号店が営業していたということもまた、不思議な巡り合わせでした。

また、ハンバーガーの値段が「高い」と言われることには慣れていましたが、日本橋髙

ブラザーズ 日本橋髙島屋店（2018年オープン）

島屋店に来店するお客さんからは「安い」と言われるようになったのも驚きです。

オープニングには、ブラザーズ初期の頃から足繁く通ってくれているハンバーガー探求家の松原好秀《よしひで》さん、東日本ハンバーガー協会の井上真吾さん、全国のハンバーガーを五〇〇〇個以上食べたという日本一のハンバーガー女子エリさんなど、全国のハンバーガーマニアの皆様を招待させていただきました。日頃食べているグルメバーガーをSNS等でアップしてくれる、私たちの業界を後押ししてくれる貴重な存在です。帰り際に、人形町にある老舗文房具店の「ミヤギ」さんに作っていただいたハンカチをプレゼント、とても喜んでいただけました。

実は、日本橋髙島屋への出店にあたっては、髙島屋の店舗開発の担当者からお話をいただいていたのを何度もお断りしていました。それでも、その担当者の方が粘り強く何度も人形町の事務所に足を運んでくださり、最後には「地域の活性化につながる出店に協力してほしい」の一言が決め手となり、その気持ちに応えようという想いから出店を決めたという経緯があります。

お店の利益を優先するのではなく、地域に必要とされるような存在を目指すことのほうが、価値のあることだと思います。

第4章

掃除

「改善」と「掃除」

東雲店をオープンした二〇一一年頃から力を入れ始めたのが、「改善」です。改善とは、製造業などで取り組まれている、職場環境を整える活動で、「環境整備」「3S」「5S」とも言われています。3Sは「整理(Seiri)」「整頓(Seiton)」「清掃(Seisou)」のそれぞれの頭文字のSをとったもので、それに「清潔(Seiketsu)」「しつけ(Shitsuke)」を加えたものを「5S」と呼びます。

整理……いるものといらないものを分けて、いらないものを捨てること
整頓……使ったものを元に戻せるよう、場所を決めること
清掃……日常的に使うものをきれいにすること
清潔……整理、整頓、清掃を維持すること

しつけ…そのルールを守らせること

簡単に言うと、改善を行うことで、
もっと早く
もっとわかりやすく
もっとやりやすく
もっと気持ち良く
もっと美しく
を可能にします。

お店をスタッフに任せる上で、店舗をきれいな状態に維持することは常に課題でした。私は開業時から、お店を掃除することに特別な思いがありました。ハンバーガーという食べ物は、牛肉を焼き、ポテトも揚げるため、飲食業の中でも比較的油を多く使うメニューであり、中華料理に匹敵するくらい厨房が汚れます。開業当時、お客さんが入らない時は、私は暇さえあれば掃除をしていました。来店するお客さんが少ないため、ハンバーガーを作る機会も少なく、仕込みも日を重ねるごとに早くなっていくのですぐに終わってしまいます。空いた時間に何をするかと言えば、掃除でした。毎日何時間も何時間も掃除をしました。

「掃除は面倒くさいもの」というイメージがありますが、その面倒くさいことを面倒くさいと思わない心を作る。掃除は私にとってある種の修行でもありました。また、店に閑古鳥が鳴いている時に、不安にかられないよう、体を動かして自分の心を良い状態に保つ一つの手段でもありました。

美的感覚や清潔度、秩序感覚には、個人差があります。人が「きれいに掃除しました」と言う時、その「きれいさの度合い」は人によって違うということです。単に汚れを拭き取ることと、新品同様のレベルにまで磨き上げることには、大きな違いがあります。

また、毎日掃除をしているつもりでも、目的意識がないとマンネリ化していき、目に見えないレベルでじわじわと汚れは蓄積します。キッチン内の床や厨房設備から、普段使用する道具まで、「よりきれいにしていく」「生命を注ぐ」気持ちで掃除をすると、モノや周りの環境が生き生きとしてきます。

現場を掃除していた時にふと、「毎日一つでも何かを改善することができれば、それが積もり積もって、大きなものになるのではないか」という考えが生まれました。一年間で三六五もの改善が生まれ、十年続ければ、三六五〇にもなります。

毎日ランチのピークが終わると、「どうやったらもっとうまくできただろうか」「何か無駄な動きはなかったか」「スタッフとのコミュニケーションの取り方は適切だったか」など、その日に体感したことを振り返り、翌日の営業にはさらに洗練させていく、といった具合です。例えば、伝票をすぐに書けるように一番取りやすいところにペンを置く、注文が入った時にすぐに冷蔵庫から取り出せるように最適な場所に食材を置く、などです。

前述の山手線一周の話にもあったように、小さなことの積み重ねが大きなものになっていきます。とてつもなく大きな山を登るのも、踏み出す一歩の積み重ねです。一歩進むと違う景色が見えてきて、進むうちに新しい障害が訪れます。その障害に打ち勝つか、または屈服するか。自分の心の中の葛藤に打ち勝ちながら、障害を乗り越えていく。目的（山の頂上）を目から外さず、一歩一歩足を進めることで、頂上はじわじわと近づいていきます。そして頂上には、辿り着いた人にしか味わえない景色が広がっています。

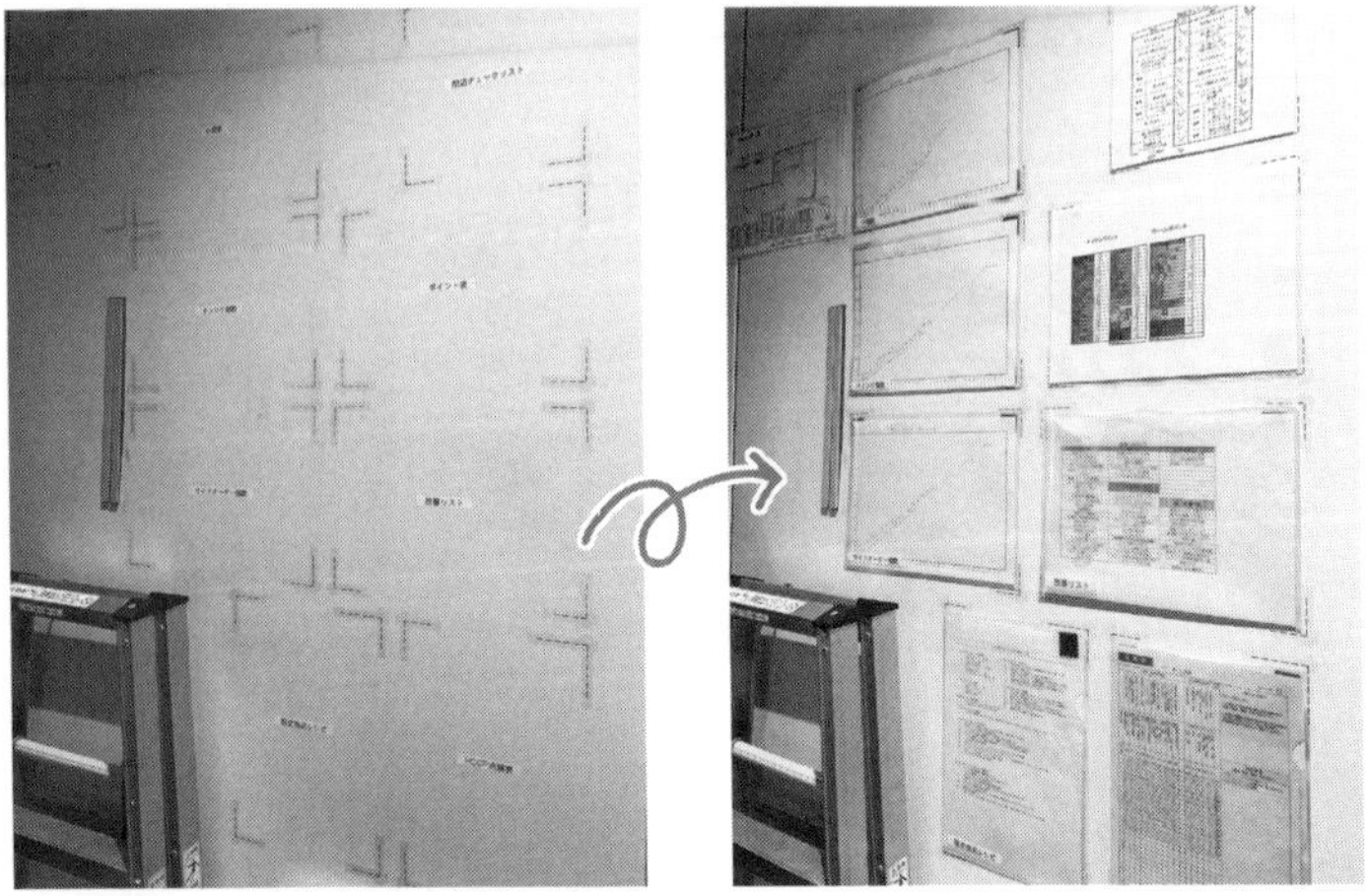

書類を掲示する位置に印をつけておくときれいに揃う

洗剤を置く位置に印をつけておくと元の位置に戻しやすい

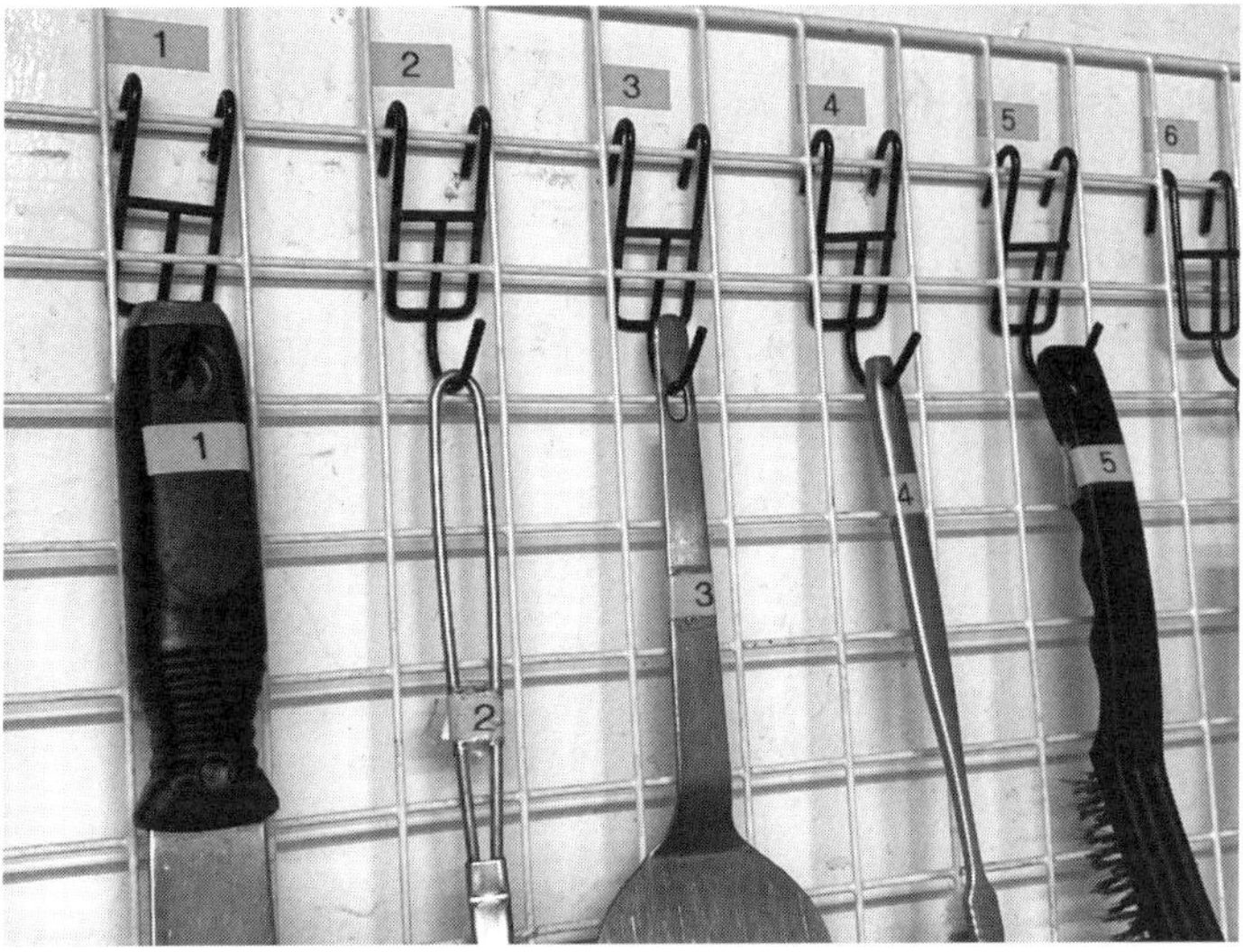

掃除道具と置き場所にそれぞれ対応する番号をつけておくと元の位置に戻しやすい

冷蔵庫の扉に中身の写真を貼っておくと何が入っているのかわかりやすい

日々の改善こそが、お店を前進させます。そして「何事も良くすることができる」というポジティブな心が育ちます。「どれだけ良くできるか？」に際限はありません。

そういった「改善」を徹底すると、無駄を排除することができます。その結果、快適な空間が維持され、能率が高まります。

不要なモノがたくさんあると、無駄な空間が生まれます。たくさんのモノの中から必要なモノを探し出すまで、無駄な時間が生まれます。似たようなモノがいくつもあると、「迷い」という無駄が生じます。すぐに取り出せる場所に置かないことで、取りに行くまでの労力がかかり、非効率な時間が生まれます。汚れている床は足を滑らせ、無駄な事故が起こります。在庫を管理できないと、同じものをいくつも購入してしまったり、賞味期限切れのモノが後から見つかったりして、コストの無駄が生じます。

「能率」とは、「仕事を終わらせるために行う動きの少なさ」です。「能率が良い」とは、「最小の時間で最大限の仕事を終わらせることができる」ということです。ただ動きを速くすることではありません。能率を高めるためには、何が無駄な動きなのかを知る必要があります。「仕事に貢献していない動きは何か？」「今よりも少ない動きで処理できるものはないだろうか?」を考えます。自分の近くに必要なものを配置すれば、わざわざ遠くに取りに行くことなく、少ない動きで物事を完了できます。そのためにも、常に自分の身の周りの環境を整えておく必要があるのです。

少ない動きで早く仕事を終えられるように常に工夫すると、十分でできることを三分で、二週間かかることを一日で終わらせることができます。日々能率を上げることに専念すれば、より少ない時間と動きで、より多くの仕事ができるようになります。「何時間働いたか」よりも、「何をどのくらい成し遂げたのか」ということが大事なのです。

「改善」とは、物事がうまくいかなかった時に、その原因を突き止めて、次に同じような状況が起きた時には少しでもうまくいくようにすること、ともいえます。日々の改善により、能率が上がり、「より早く、より多く、より正確に」物事を行えるようになります。改善を積み重ねることで、店のレベルも高まり、店の基礎が強くなっていきます。

改善には「秩序感覚」を高める効果もあります。「秩序」とは、「全てが適切な場所にあり、適切な機能を果たしている」ことです。例えば、ハンバーガーを作る時に、いつもの場所にバンズがなく、その場所に別の食材が置かれているとしたら、これは「秩序が低い状態」です。あるいは、このような状況が気にならない人は「秩序感覚が低い」といえます。釣り銭が不足した時に、釣り銭のストックを準備しておらず、お客さんを待たせてしまう。注文を取る時に、ペンのインクが切れている。これらはモノが適切な場所にないために適切な機能を果たしていない例です。

秩序感覚のある人は、トイレットペーパーが切れそうになったら、すぐに新しいものを補充します。一方で、秩序感覚のない人は、補充せずにそのままにします。次にトイレに入った人がわざわざ交換しなければなりません。

人にはそれぞれが持つ秩序感覚のレベルがあります。その秩序感覚を高めることで、環境に安定性をもたらし、仕事場の能率が上がり、より生産的な仕事ができるようになります。職場内で混乱が起きても、秩序感覚の高い人は、いざという時でもそれらを処理することができます。そのような秩序感覚が生産の土台になるのです。

秩序感覚を高めるために、日々身の周りのモノを常に整理整頓し、環境をコントロールするよう努めるべきです。さもなければ、環境が乱れ始め、身の周りのモノをコントロールするのが億劫になっていきます。環境があなたをコントロールし始めます。つまり、自分の身の周りのモノが、心に悪影響を及ぼし始めるのです。

秩序感覚には、「モノの配置の順序」と、「行動の順序」の感覚も含まれます。順序とは、「何が先で何が後に来るか、ということの関係」です。物事は正しい順序で行うことでうまくいきます。順序が違っていたり、先に来るべきはずのものが後に来たりすると、うまくいきません。

モノの配置の順序の例。シリーズものマンガ本が本棚にバラバラに並べてあったとしたら、取り出す時に苦労します。一巻から二〇巻までのマンガ本が順序よく並べてあると気持ちのいいものです。

行動の順序の例。バイクのアクセルを踏む前にはエンジンをかけておかなければ動きません。パソコンで文字を打つ時に順番通りに打ち込まなければ、正しい文章を打つことはできません。物事が正しい順序で行われると、スムーズに物事が進みます。

また、必要な手順が欠けている場合にも問題が起こります。トイレに入った後に流さずに出てくる、家を出る時に鍵をかけ忘れる、ハンバーガーを作る時にソースをかけ忘れるなど、必要な手順が欠けると物事はうまくいきません。

何かがうまくいかない時は、単にこの「順序」が原因の可能性があります。また、スピードが遅い場合や能率が悪い時、それは正しい順序を把握していないだけかもしれません。

ある行動を成果につなげられる人は、正しい手順を「完全」に理解しています。最初から最後までどんな順序で物事が進んでいくのかを理解することは、能率を上げる上でとても大切です。

そして、このような改善を通して、日々の掃除を徹底して行うことが、良いお店作りには欠かせません。飲食店経営において根幹とされているのがＱＳＣ〈Quality〈品質〉、Service〈サービス〉、Cleanliness〈清潔さ〉〉です。商品の品質とサービスと同じくらい、店内環境を清潔にしておくことは大切であるとされています。

倒産する会社のほとんどが、職場の環境がひどく汚れていたり、乱れていたりするそうです。また、倒産寸前の会社が、徹底的に掃除したことにより赤字から脱却して、過去最高益を出した、などというのもよく聞く話です。何が変わったのでしょうか？　環境をきれいにすることで心が変わり、心が変わったことで態度が変わり、態度が変わったことで行動が変わり、行動が変わったことで結果が出るようになったからです。

掃除とは、「掃いたり拭いたりしてごみや汚れをなくしてきれいにすること」です。別の意味では「害悪を除き去ること（害となる悪いことを取り除くこと）」という意味もあります。

ブラザーズが掃除に重点を置いているのには理由があります。それは、飲食店を経営する上できれいにすることは不可欠である、というだけではなく、掃除を通して、お店を真に成り立たせているスタッフ一人一人の心を高めるためです。

掃除する際に大切なことは、掃除する対象を「よく観察する」ことです。

例えば、この前は汚れていなかったところが汚れていることに気づいたとします。よく観察してみると、その先にある機械が故障していて水が漏れていたことが原因だとわかります。掃除をする際によく観察したことで、機械の異変に早めに気づいて修理でき、機械を買い替えずに済むというわけです。

このように、よく観察することで、変化に気づくようになります。変化に気づくことには、様々なメリットがあるのです。変化に気づけなくなったら、グレイトな商品も、グレイトなサービスも生み出すことはできません。掃除は観察力を磨き、変化に気づく心を作ります。

また、掃除をする時に気持ちが重くなったり、億劫になったりすることがあります。なかなか落ちない汚れに気持ちが疲れてくることもあります。それは心が「内」に向きすぎているからです。心が内に向きすぎると、周りをしっかりと観察したり、知覚したりすることができません。そんな時こそ、周りをよく観察し、自分の注意を「外」の環境に向けると、心が外向きになり、集中力が加速していきます。

人が住んでいない建物は、人が住んでいる建物と比べて、老朽化が激しくなるといいます。人間には、モノに生気を与える力があります。逆に、モノ自体が人間に生気を与えることはできません。自分の包丁を愛し、毎日磨くからこそ、その包丁に生気が生まれます。鉄板に生気を与え続けられる職人は、最高の料理を提供できるに違いありません。

空手の道場なども、まずは床の雑巾《ぞうきん》掛けから始まります。これは、掃除を稽古の前後に行うことで、場を整えて集中する環境ができること、そして、何よりも道場に感謝の気持ちを込めるためです。感謝の気持ちを込めた掃除は、空間を特別なものにしてくれます。

お店では掃除する様々な対象がありますが、そのなかでも窓ガラスの掃除は汚れが見えやすく、拭きムラも出やすいものです。また、様々な角度から見ることで、見落としていた汚れにも気がつきます。ガラスを自分の心に置き換え、心を映すものとして毎日ピカピ力にすることもまた、心を高める実践といえます。

　また、良い掃除をするためには、掃除道具を良い状態に保つ必要もあります。ある大木を切り倒す時に、たとえ一生懸命ノコギリを使ってその木を切ろうとしても、そのノコギリの歯が錆《さ》びていたら、切り倒すのに労力と時間がかかります。日頃から掃除道具を使っているとその道具は汚れていきますが、その肝心の掃除道具を大切にしなかったり、手荒に扱ったりする光景をよく目にします。汚いスポンジでグラスを洗ったり、汚い布巾《ふきん》でグラスを拭いたりすることで、生乾きの臭いがしてしまいます。これではお客さんは感動できません。日頃使っているほうきやちりとり、掃除機やスポンジなどの掃除道具をいたわる心も大切です。

　このように、個人の心を高め、秩序感覚とコントロール能力を養い、能率を上げるためには、日々の「掃除」と「改善」が有効です。

創造(Souzou)

「改善」に取り組み始めてからしばらく年月が経った二〇一三年、日本の飲食店で掃除を一番徹底しているお店はどこかを探していたところ、某フレンチのオーナーシェフの存在を、経営コンサルタントの山下雅弘さんからもらった雑誌『致知《ちち》』(致知出版社)で知りました。

人形町で行列を見た時と同じく、今度は「美しい厨房」という「理想の光景」を求めて、そのお店に連絡し、「厨房の中を見せてください」とお願いすると、快く承諾してくださいました。そのお店の厨房の様子は感動もので、ステンレスは曇り一つなく完璧に磨き上げられ、グリストラップ(下水道に油が流れないようにする装置)もきれいに保たれていました。鍋はピカピカで新品同様。厨房の床は鮮やかな黄色で、これはシェフ自らがペンキを塗って仕上げた床でした。

厨房床ビフォア

厨房床アフター

そのお店では、朝の仕込みが終わったら食事して掃除、昼の営業が終わったら掃除、夜の仕込みが終わったら掃除、夜の営業が終わったら掃除、の一日計四回を全員でやるそうです。一流の料理人は、料理を大切にするのと同様に、厨房と道具の掃除を大切にしていたのです。

そのシェフは、掃除の話から人生の生き方、心の持ち方などを一時間以上お話ししてくださり、私の心に火をつけてくれました。

その後、フレンチのお店で撮ってきた厨房の写真をブラザーズの社員全員と共有し、毎週一回、社員全員、朝早く出社して、営業中に掃除できない箇所を徹底的に掃除しました。汚れで黒ずんでいた床を黄色いペンキで塗ることにも挑戦しましたが、塗り直しても塗り直してもなかなかうまくいかず、最終的には専門業者に頼むことになりました。こうしてピカピカの黄色い床ができ上がりました。

掃除や改善を進めるなかで、古芝保治《ふるしばやすはる》さんの『儲けとツキを呼ぶ「ゴミゼロ化」工場の秘密』（日本実業出版社）という本は非常に参考になりました。大阪にある枚岡《ひらおか》合金工具という古芝さんが会長を務める町工場が、掃除によって黒字化して、高収益企業に変わったという内容の本です。また、経営コンサルティング事業や環境衛生事業を行う株式会社武蔵野の小山昇さんの環境整備に関する書籍も大変役立ちました。北浦専務と金子部長の三人で武蔵野の工場見学に行った時には、さまざまな改善事例に直接触れることもできました。

トラック２台分の不要物

掃除に取り組む際、最初のステップは「捨てる」です。私たちも、店舗や倉庫、事務所にある不要なものを全て捨てました。使っていないもの、いつか使うだろうと思ってとってあったものなど、あらゆるものを引っ張り出して捨てました。最終的にはトラック二台がいっぱいになるほどの量になりました。捨てた後は、必要なものだけが残り、スペースも生まれ、非常に清々しい気持ちになりました。

また、毎週の店長会議では、㈱ＯＪＴソリューションズの『トヨタの片づけ』（中経出版）という本を一章ずつ読み、その内容を翌週までに実践して報告するという試みも行いました。そして、店長やスタッフ各々が、実際に改善したもののビフォア・アフターの写真を専用のメールアドレスに送り、全員で改善事例を共有していきました。「どこどこを掃除しました」というような改善からスタートし、モノを置く位置や定数を決めて、補充しやすく、発注しやすいシステムを作るなど、工夫を加え、試行錯誤しながら素晴らしい改善事例をたくさん生み出してくれました。

そのほかにも、週に一回のミーティング時に私が掃除するものを一つ取り上げ、翌週までにそれを新品同様に掃除する「完全リセット清掃」も行っています。例えば、私が「スリッパ」というお題を出すと、翌週までに全てのスリッパを新品同様に磨き上げて、そのビフォア・アフターを写真に撮って共有するのです。一つを磨き上げると、ほかのものとの汚れの差が見え始めます。気になり始めた汚れを自主的に掃除させ、その人の秩序感覚を高める、という意図があります。

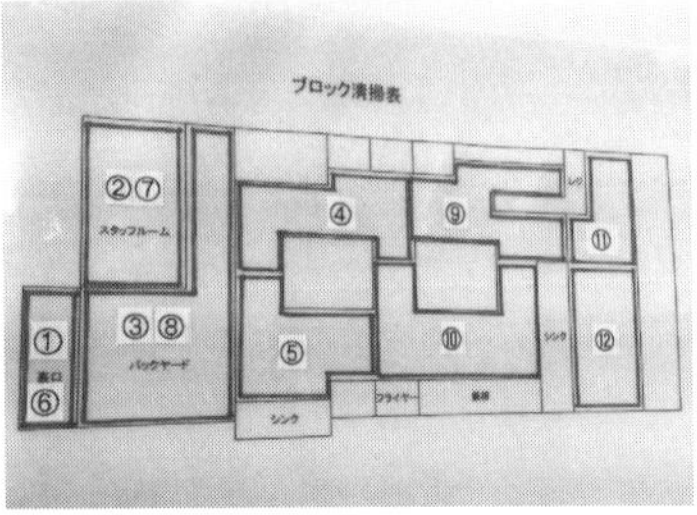

ブロック清掃。店舗をブロックに分割し、
ブロックごとに清掃する

朝清掃。営業中に掃除するのが難しい
箇所は営業時間前に掃除する

完全リセット清掃 ビフォア

完全リセット清掃 アフター

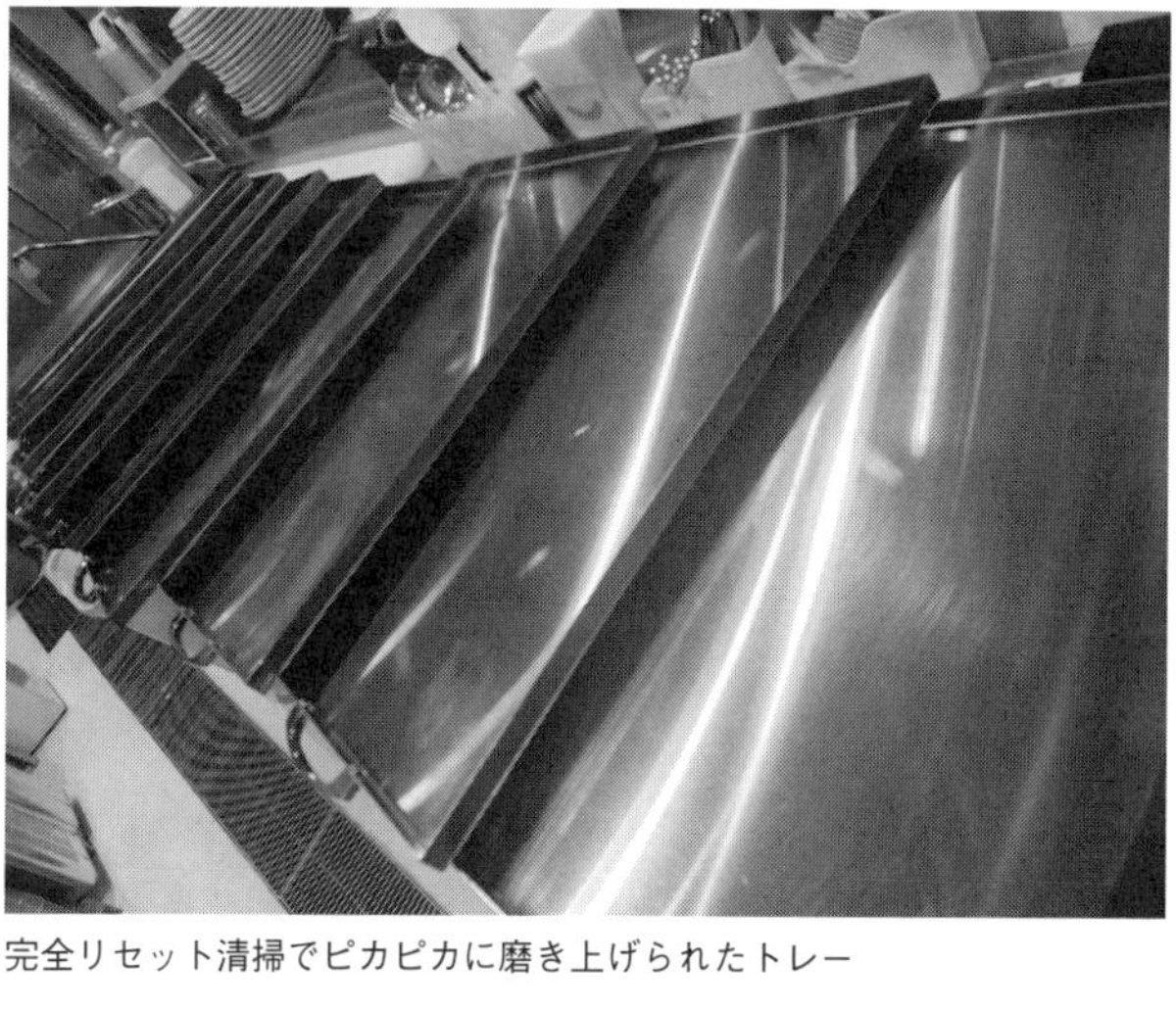

完全リセット清掃でピカピカに磨き上げられたトレー

さらに、店内をいくつかのブロックに分け、毎日違うブロックの床を掃除する「ブロック清掃」も行っています。掃除は毎日行うものから、汚れる頻度に応じて週に一度行うもの、月に一度行うものを表に分けて行っています。

その甲斐あって、お店は月日を追うごとに着実にきれいになっていきました。

お客さんから「お店がきれいですね」という声をいただくと、とても嬉しい気持ちになります。飲食店にとって、「料理が美味しい」というのは当たり前ですが、美味しい料理が信用につながるのと同じように、清潔な店内は、お客さんに信頼感を抱かせます。

掃除は「最高のおもてなし」です。大事な人を家に呼ぶ時、家を掃除するように、きれいに掃除して出迎えるということは、「あなたは大切な人ですよ」という無言のコミュニケーションです。人から大切にされて、嬉しくない人はいないはずです。

掃除がどんどん磨かれていくと、さらにきれいにしていこうという気持ちになり、最終的には長い間営業していた人形町店をリニューアルするまでに至りました。今まで営業してきた店舗の床を張り替え、トイレの中も一新し、ペンキを塗り直し、壁に飾ってある絵、テーブル、椅子を買い替えるなど、かなり大掛かりなものになりました。今までお世話になったものを取り壊す時は、過去の自分とお別れするような思いでスッキリしまし

店内リニューアル ビフォア

店内リニューアル アフター

た。それはまるで、過去の全てを捨て、新しい旅に向かって出発するような心境でした。

「リニューアル（renewal）」という言葉の通り、re（再び）new（新しくすること）したわけです。

伊勢神宮は、一三〇〇年前から「式年遷宮《しきねんせんぐう》」を行っています。これは二十年に一度、社殿を全て新しく建て替えることです。その建て替えにより、当時の建築技術を現在に伝えながら、常に新しく、いつまでも変わらない姿を望むことができます。これにより神と人、そして国家の「永遠」を目指したと考えられています。

私は、改善や3S、5Sと呼ばれるこの活動の全てを、一つのSにまとめて、「創造（Souzou）」であると考えています。「創造」とは、英語でcreationといいます。それは、「これまでになかったものを、新しく存在させること」です。

「整理」は捨てること、つまり「有」を「無」にする行為です。今まで存在していたものを「ゼロ」にして、そこから新たに生み出していく活動が「創造」です。

心も同じです。今までの不要な考え方や執着心、固定観念を「整理」する、つまり捨てることで、新しい考え方を持つことができます。そういう意味で、「創造」とは「秩序なきところに秩序を与えること」ともいえます。

掃除を通して心が変われば、行動が変わります。そして行動が変われば、人生が変わります。「掃除」とは奥の深い活動なのです。

トイレ掃除

掃除の中でも精力的に取り組んだのが「トイレ掃除」です。トイレは日頃誰もがお世話になっているにもかかわらず、きれいにすることを怠《おこた》っている場所であり、掃除する場所としてもあまり人気がありません。

実は東日本大震災の時に、私は裕子やスタッフと一緒に、宮城県の女川町《おながわちょう》へ「国際サイエントロジーボランティア」の一員として二度訪れました。国際サイエントロジーボランティアは、世界に拠点を持ち、災害救援を中心に行うボランティアグループで、日本では阪神・淡路大震災をきっかけに結成されました。

最初は瓦礫《がれき》の撤去作業が主でしたが、二度目に行った時は雨が降っていて危険だったため、瓦礫撤去はできませんでした。せっかく来たのに何もしないで帰りたくはなかったので、近くの学校を訪問して何かできることがないか聞いて回りましたが、断られ続けました。そんななか、ある学校に寄って、「どんなことでもやります」と伝えたところ、唯一お願いされたのが「トイレ掃除」でした。学校にあるトイレは、震災のため水が流れず、汚物が便器に溜まり、ほとんどが使用不可になっていました。そのトイレを掃除できることは、私たちにとって、やっと役に立てる機会を与えてもらえた嬉しい出来事でした。

汚物を手で取り除き、便器を磨き、便器に水が流れるようにして、各階のトイレを掃除して、使用可能にしていきました。学校の職員の方たちもとても喜んでくれて、美味しい豚汁をご馳走してくれました。私も「役に立つことをさせてくれてありがとう」と、逆に感謝の気持ちでいっぱいになりました。

東日本大震災当時の女川町

この経験を通して、援助することの大切さと同様に、援助を受け入れることの大切さも知ることができました。その後近くにあるお寺の掃除をさせてもらう機会を得ることもでき、有意義なボランティア活動を行うことができました。
トイレ掃除は損得でやるものではありませ

んが、前述の新富にある競争率の高い物件も、人形町店のトイレをきれいに維持していたことで決まりましたし、トイレ掃除には何か不思議な力が働いているような気がします。

ちなみに、ビートたけしさんは若い頃から常にトイレ掃除を心がけていることで有名です。自分の家だけでなく、ロケ先や居酒屋のトイレまで、きれいに掃除するそうです。たけしさんは、テレビ番組、映画、小説など、様々な分野で高い評価を受けていますが、自身の成功について、「トイレ掃除のおかげかもしれない」と語ったことがあるとも言われています。

ボランティアでの学校のトイレ掃除

ブラザーズでは「一〇〇回磨き」と呼ばれるトイレ掃除を実践しています。後述する地域清掃でも時々公衆トイレをピカピカに掃除します。一〇〇回磨きとは、文字通りトイレを一〇〇回磨いて目に見えない汚れを取り、新品同様にピカピカに磨くことです。現在全ての店舗で、月に一度この一〇〇回磨きを実践しています。凡事徹底、使った後の液体クレンザーの口まできれいに拭き取ります。そのおかげもあり、ブラザーズの部長や店長クラスのトイレ掃除は、飲食店の中でもトップレベルだと思います。

このトイレ掃除のやり方は、「日本を美しくする会」（詳しくは後述）の「トイレ研修」で学びました。その後、自分たちの店のトイレだけでなく、中学校のトイレや公衆トイレから靖国神社のトイレ、閉鎖前の築地市場のトイレなど、様々なトイレの掃除を体験しました。利用したお店などでトイレを使う時も、短時間できれいに掃除するよう心がけています。

よく「お店のトイレを見れば、そのお店の経営状態がわかる」といいますが、あながち間違いではないと思います。トイレが汚れているお店が、「私たちはお客様を大切にしています」といくら言ったとしても、言動不一致で、どうも嘘っぽく聞こえてしまいます。

経営者は、トイレ掃除を会社内にいる誰よりも極めるといいと思います。トイレを掃除すること、特に汚れたトイレを掃除するのは、ほとんどの人が避けたがるものです。その避けたいという気持ちを乗り越えることで、何事にも向き合える気持ちを育てていくことができます。

公衆トイレの掃除

トイレ「100 回磨き」アフター

また、トイレ掃除は「下座《げざ》の行《ぎょう》」、つまり自分の身を低くして行うことといわれています。例えば、部下に仕事を頼んだ時に、「これはやりますが、それはやりたくありません」と言われたらどう感じるでしょうか？　それよりも、頼んだ仕事がどんなものであろうと、不満一つこぼさずに、望んでいることを実行してくれる部下のほうがいいに決まっています。それならば、その「下座の行」ともいうべきトイレ掃除のような仕事を経営者が率先垂範して行うことで、それが会社の一つの行動規範となり、部下が仕事を選り好みすることをやめ、会社の社風として根付いていくものだと思います。

　とかく経営者は傲慢になりがちです。その傲慢さを謙虚な心にしてくれるのもトイレ掃除です。

トイレ掃除をして売上が上がることは約束できませんが、心を作ることはできます。

飲食店でお客さんにサービスを提供する側の立場にいると、どうしても自分自身をおろそかにしがちです。店内は掃除していても、スタッフルームが荒れているということは往々にしてあります。お客さんを大切にするように、その源である自らの環境を整えて、自分自身もてなせるよう、スタッフルームの掃除にも乗り出しました。

古くてボロボロになってしまったソファを新調したり、床を張り替えたりしました。スリッパを形どったテープを床に貼り、皆が正しい位置に揃えられるようにしました。

藤本幸邦《こうほう》さんというお寺の和尚さんが作った「はきものをそろえる」という詩があります。

はきものをそろえると、心もそろう。
心がそろうと、はきものもそろう。
脱ぐときにそろえておくと、はくときに心がみだれない。
だれかがみだしておいたら、だまってそろえておいてあげよう。

そうすればきっと、世界中の人の心もそろうでしょう。

出典：鍵山秀三郎著、亀井民治編『ひとつ拾えば、ひとつだけきれいになる』（ＰＨＰ研究所）

次にスリッパを履く時にすぐに履けるよう、脱いだスリッパをさっと戻す。きちっと揃えられたスリッパを履く時と、乱れたスリッパを履く時の心境は違います。先々を考えながら、心を整えられるよう、しっかりと後始末をする。とても大切なことだと思います。

新しく入ってくるスタッフは、調理の技術を学ぶことが一番大切と思っている人がほとんどです。確かに、商品を作る技術は大事です。しかし、掃除は何年も何年も修行しないと身につかないものです。掃除をしている間に様々な感情が現れることもあります。そのような感情が自分のなかを通り抜けるまでやり続けるには、忍耐力を必要とします。自分の心に向き合い、ネガティブな心に打ち勝っていかなければなりません。そ

スリッパを定位置に

の心とは、「見て見ぬふりをする心」「明日に延ばそうとする心」「やったふりをして、ごまかす心」「こんなものでいいかという妥協の心」「誰かがやってくれるだろうという無責任な心」「半ば途中でやめたりする諦める心」などです。このような悪しき心の習慣が掃除によって現れます。

そのような心が現れたとしても、根気強くやり続けることで、自分に負けずに「最後まで徹底してやり通す心」「自分をだまさない正直な心」「やり続ける忍耐力」など、人として良い習慣を身につけることができます。掃除には人の心を育てる効果があります。

「料理半分、掃除半分」と言われるほど、飲食店にとって掃除は大事なことです。松下幸之助さんは、掃除に関してこのように述べています。

掃除ひとつできないような人間だったら、何もできない。皆さんは、〝そんなことはもう、三つ子の時分から知っている〟と思うかもしれないが、ほんとうは掃除を完全にするということは、一大事業です。

出典：『松下幸之助発言集44』（ＰＨＰ研究所）

トイレ掃除、スタッフルームの管理、そしてスリッパを揃えること。ブラザーズではこのような取り組みを通して、スタッフの人間教育を行っています。

地域清掃

ブラザーズの一日は、店の前を掃除するところから始まります。店の外を掃除する時は、「向こう三軒両隣」が基本です。これは、道の反対側の三軒分と自分の店とその両隣で、合計六軒分という意味です。江戸時代に、引っ越しした際のご挨拶として、大家さんと向こう三軒両隣に「引っ越し蕎麦《そば》」を配ったことが由来だそうです（蕎麦である理由は「おそばに参りましたので、細く長いお付き合いをよろしくお願いいたします」という江戸っ子の洒落《しゃれ》からきているそうです）。東京では昭和の初めの頃までごく一般的に行われていた風習でした。

自分の店の目の前だけでなく、もう少し範囲を広げて掃除をする。そうすることで、きれいになる範囲は当然広がります。そして、その範囲を更に広げて掃除するのが、「地域清掃」です。

正しい地域清掃のあり方を学ぶために参加したのが、「日本を美しくする会」の掃除活動です。私は、この会の中で、主に新宿エリアを中心に掃除をしている「東京掃除に学ぶ会」に参加しました。朝五時五十分から一時間、早朝まだ日が出ていない暗い時間帯に、新宿の歌舞伎町を掃除します。ゴミの捨て方、掃除道具の並べ方、掃除後の道具や手の洗い方から、掃除に参加する多くの人たちをグループに分けて組織化する方法など、非常に勉強になりました。この掃除活動には、ブラザーズからも当時の人形町店店長原鉄平（現在「BURGER & MILKSHAKE CRANE」の店主）を筆頭にたくさんのスタッフが積極的に参加してくれました。

「東京掃除に学ぶ会」の説明風景

「日本を美しくする会」は、掃除を通して世の中から心の荒《すさ》みをなくしたいとの思いから始まった掃除活動で、国内及び海外の一般市民による、美しい街づくりを目的とするＮＰＯ法人です。二〇〇三年から始めた「東京掃除に学ぶ会」による新宿歌舞伎町の清掃活動によって、歌舞伎町の治安は劇的に改善され、犯罪件数もそれ以前の半分以下にまで減りました。掃除を一つの国民運動にすることで世の中を良くしていこう、という目的を持った価値ある活動です。

歌舞伎町の地域清掃には、「日本を美しくする会」を創唱し、相談役を務めるイエローハットの創業者、鍵山秀三郎さんのお姿もありました。掃除が終わると、掃除に参加したたくさんの人たちが、鍵山さんの周りを囲んでいました。私も少しでもお目にかかりたく、毎回ご挨拶するのですが、その度、掃除の心構えや人生訓などを短い時間の中で丁寧にお話ししてくださり、とてもありがたい気持ちになりました。

「東京掃除に学ぶ会」の掃除風景

また、「日本を美しくする会」専務理事の千種《ちぐさ》敏夫さんや、「東京掃除に学ぶ会」街頭清掃責任者の波多野勝彦さんをはじめ、世話人の方々からも多くの学びをいただきました。朝早くからこのような活動に参加されている方々の姿を見る度に、日本人としての誇りを感じます。このような善意ある人々が日本を支えている。本当にそう思います。

五十年以上この活動を続けてこられた鍵山さんは、数年前に脳梗塞を発症し、現在療養中です。後世に良い社会を残すことに尽力されたことへの敬意と感謝をお伝えしたく、ブラザーズで行っている地域清掃時に撮った写真を添えてお手紙を送らせていただいてます。療養中で四肢が不自由にもかかわらず、毎回ご丁寧なお返事をくれます。最近では、国土交通省の甲川壽浩《こうがわとしひろ》さんとご縁をいただき、その方と一緒に掃除をしていること、そして湾岸通り沿いの一区画にゴミ捨て場を設けていただいたことをお知らせした時には、大変喜んでいただきました。鍵山さんが信頼し、長年共にお掃除をされているベテランの阿部豊さんや亀井民治さんに連絡が入り、ブラザーズの地域清掃活動への参加を促してくださったそうです。

鍵山さんと

その後、千種さんをはじめ、「東京掃除に学ぶ会」の世話人の皆さんも東雲の地域清掃に応援に駆けつけてくれました。鍵山さんとは、いつの日かまた元気なお姿で一緒にお掃除できることを願っています。

また、「東京掃除に学ぶ会」の掃除とは別

に、歌舞伎町の隣の百人町《ひゃくにんちょう》のエリアも、夫婦で多い時で週に三回掃除をしました。百人町もとても汚れていて、ビンや空き缶、カップラーメンの空き箱、たばこの吸殻から、嘔吐物、財布、クレジットカード、携帯電話、メリケンサックまで、様々なゴミが落ちていました。また、高架下にはホームレスの人たちが生活していました。

当時、地域の清掃の経験はあまりなかったのですが、とてもやりがいを感じました。ゴミは歌舞伎町にある清掃局が毎回引き取ってくれました。一度きれいに掃除したエリアも、数日経つと、どういうわけか、また同じ場所に同じようなゴミが落ちています。「形状記憶」のように、長年ゴミが落ちていた道には、いくらきれいにしてもまたゴミが落ちているという状況が繰り返されるのです。「きれいにするVS汚す」、これはもはや戦いだと思いながら何年も続けているうちに、じわじわとゴミの量は減っていきました。汚い形状記憶からきれいな形状記憶へと変化していきました。このエリアを掃除し始める地域

国土交通省の甲川さんと

新宿百人町の高架下 ビフォア

新宿百人町の高架下 アフター

の人たちも増えていき、ホームレスの方たちも参加してくれるようになりました。彼らはやがて、ホームレスの生活をやめていかれたようです。この掃除活動はのちに、先に述べた東日本大震災のボランティアでお世話になった国際サイエントロジーボランティアの活動の一環として、百人町を百人の人々で掃除する「百人清掃」と称し、毎月第四土曜日に行う掃除活動へと発展していきました。

このような経緯もあり、ブラザーズ創業の地、人形町の地域清掃を二〇一二年八月に開始しました。人形町の清掃は月に一回、第二木曜日の七時三十分から一時間行うことにしました。現在は八時三十分から一時間行っています。

人形町の清掃は、人形町通りや甘酒横町を中心に掃除をしています。当時、その時間は近隣の小学校の登校時間と重なり、小学生が元気良く挨拶をしてくれました。道路や植え込みなどを中心に、できるだけ細かくきれいに掃除をするよう心がけています。当時は掃除が終わると、裕子が前日から準備した手作りの料理を社員全員に振る舞っていました。掃除をした後なので、スタッフの食欲も旺盛で、大量に仕込んだ料理もあっという間になくなりました。

また、店舗のある中央区新富や日本橋、東雲のエリアも月に一度、中央区エリアは中央区役所の環境土木部の皆さん、東雲エリアは国土交通省東京国道事務所の皆さんのご協力のもと、各店舗の社員と共に掃除をしています。エリアが違うと、町の汚れ具合も違います。町の清潔度はその土地に住んでいる人の心を表しているかのようです。

第１回人形町清掃開始（2012年８月）

地域を徹底して掃除し始めると、様々な現象や変化が起こります。地域を清掃する人々が増え始め、汚れているエリアが整備されたり、古い建物が取り壊されたりしていきます。まるで、徐々にきれいになっていく町に古い建物が見合わなくなり、それに見合うために着せ替えをするかのようです。

町の掃除は、店舗の掃除とはまた違った効果があります。地域に少しでも役に立てているという感覚があり、良いことをすることで徳が身につく感覚も生まれます。

仕事や家庭にまでは目を向けられても、地域や社会にまで目を向ける機会はあまりないかもしれません。それでも、人と社会はつながっており、人は社会との間で何かしらの影響を受けたり与えたりしています。家庭や仕事から一歩外へ出て、地域・社会へとその責任の範囲を広げていくと、社会で起きていることが、自分や家族の身に起きていることのように自分の一部として感じられるようになっていきます。


その第一歩としておすすめしたいのが、後にご紹介する宗次徳二《むねつぐとくじ》さんが推奨する「拾《ひろ》ウォーキング」です。これは、ウォーキング（散歩）する時に、ビニール袋を一枚持って、散歩するコースを掃除するというものです。最初は人の目が気になるかもしれませんが、思っているほど誰も見ていないので安心してください。

東雲店の粕谷知弘《ともひろ》店長、新富町店の山田晃大《あきひろ》店長が、会社の地域清掃以外に地域を自主的に清掃をしていると聞いた時は嬉しかったです。また、独立したスタッフの何人かが、

人形町地域清掃：清洲橋通り沿いの
花壇の掃除

人形町地域清掃：人形町通り前の掃除

新富町地域清掃：雑草の刈り取り

新富町地域清掃：ゴミの仕分け作業

日本橋地域清掃：朝礼からスタート

日本橋地域清掃：日本橋の掃除

東雲地域清掃：湾岸通り沿いの大量のゴミ

東雲地域清掃：国土交通省東京国道事務所が設置してくれたゴミ置き場

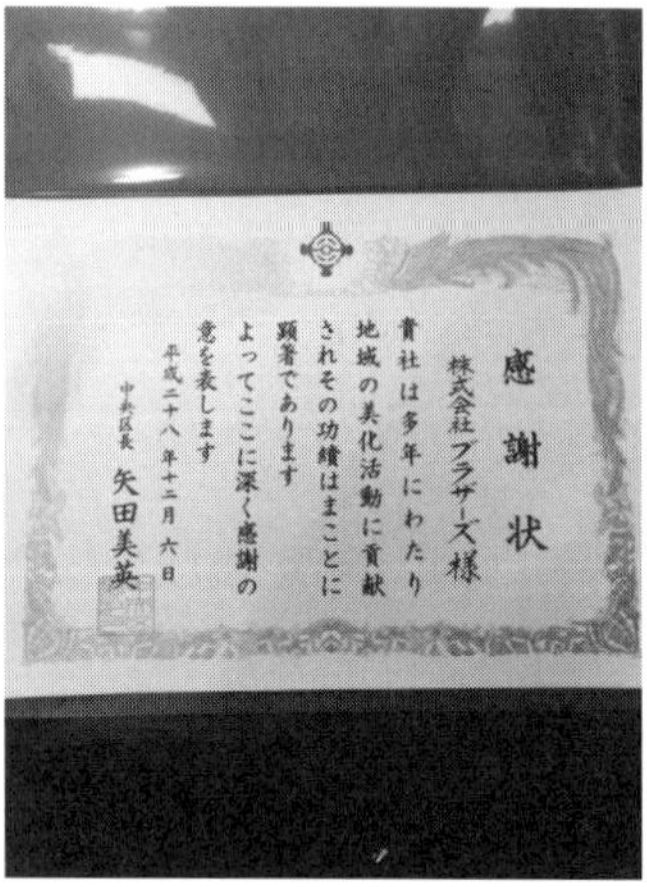

中央区役所から頂いた表彰状

掃除道具をきれいに並べる

自分の店のある地域を掃除しているということを聞いた時も誇らしく思いました。いずれ独立を果たすスタッフも、自分の店がある地域を掃除して、その輪がどんどん広がっていくことを期待しています。

掃除からのご縁

掃除を続けていると、様々な素敵なご縁に恵まれます。その一人が、同じ飲食業の経営者として私が深く尊敬する、カレーハウスＣｏＣｏ壱番屋（以下、ココイチ）の創業者、宗次德二さんです。

新宿百人町のボランティア清掃を始めて三年目に、宗次さんに掃除のアドバイスをしてもらえないだろうかと、だめもとで連絡したところ、快く引き受けてくださり、お掃除の指導と講話をしていただきました。

名古屋から新幹線でわざわざ来ていただいたので、謝礼も準備していたのですが、「ボランティアさんからお金はいただきません。活動費用に回してください」とおっしゃってくださいました。そんなご縁から、その後何度も宗次さんがおられる名古屋を訪れ、お掃除交流をさせていただいています。

宗次さんは、名古屋の栄エリアを毎朝掃除しています。私たち夫婦も一緒に掃除をするため、名古屋に前日入りすると、宗次さんが栄の町の美味しい夕食をご馳走してくれます。楽しいひとときを過ごし、翌朝六時に掃除がスタートします。

宗次さんは朝三時五十五分起床の「日本一の早起き」の肩書きを持っています。三時台に毎日起きるというのは、たとえ明確な目的があったとしても、並大抵の精神力ではできません。そしてその早起きから、現役時代は多い時で一日平均十六時間以上、年間五千五百時間以上、一日も休まずに仕事をしたそうです。七十歳を超えた今でも、毎朝早起きして、一日二万歩以上歩いているそうです。

ハイビスカスを植える宗次さん

宗次さんは、町に花を植える活動も行っています。栄の町はパンジーやハイビスカスなどの色鮮やかな黄色い花が道路にきれいに咲いていて、町を特別なものにしています。

掃除が終わった後は、宗次さんが経営されている「宗次ホール」というクラシックコンサートホールに招待され、至れり尽せりの旅となります。欲もなく、人に喜んでもらうのが大好きな方で、この与え好きの性格と「徳」積みが、ココイチを繁栄させていった原動力に違いありません。宗次さんの面白いところは、何億円分もの楽器を購入して、音楽家に無償で貸し出したり、若き音楽家の育成のための奨学金や、小・中学校へ楽器の寄付をはじめ、様々な団体に多額の寄付をしている一方で、身に着けているものはアメ横で一七本買い占めた一本五〇〇円のネクタイや、数千円の時計など、まったくと言っていいほど欲がないところです。ココイチの現役時代も、友達を作らず、酒も夜の遊びも一切せずに、経営以外のことには脇目も振らず、早朝から夜遅くまで経営に身を捧げてきました。唯一の後悔は、現役時代に少しだけゴルフをかじったことだそうです。

そんな宗次さんの影響から、私たちブラザーズでも店舗の周りに花を植えています。新富町店の目の前にある花壇は、中央区役所の環境土木部のはからいできれいなものに作り替えていただきました。カレー屋さんが黄色なら、ブラザーズは情熱の赤。春・夏には赤いハイビスカス、秋・冬にはシクラメンを植えています。赤いハイビスカスの花言葉は「常に新しい美」と「勇敢」です。たまに通りがかりの人が足を止めて写真を撮ることもあるくらい、鮮やかに咲きます。

宗次さんのパンジー植えのお手伝い

ブラザーズのハイビスカス植え

毎日嫌な出来事や嫌なものを見ていれば、心は知らず知らずに蝕《むしば》まれていきます。花はきれいで美しく、きれいで美しいものに常に触れていれば、心も豊かになるのだと思います。食べる食事を選ぶように、心に取り入れるものも選び、できるだけ良いものを心に取り入れていくことを、花植えの活動を通して意識できるようになりました。

宗次さんはその後、ブラザーズの人形町店に足を運んでくれただけでなく、日本橋髙島屋店のオープニングにも駆けつけてくれました。普段はハンバーガーを食べないそうですが、初めてブラザーズのハンバーガーを食べた時に「芸術品」だと絶賛してくれて、ココイチの社内報にも取り上げてくれました。また、お店の掃除が徹底していることにも、「ここまでやりますか！」ととても驚いてくれました。掃除の達人から太鼓判を押されたようで、とても嬉しかったです。

今でも時々電話でお店の様子を気にかけてくれたり、数カ月に一度、宗次さん特製の手作りカレーを送ってくれたりします。私もお返しをするのですが、返しても返してもそれより多くを与えてくれる、そんな「与え好き」な方です。

また、これだけ大変な思いをしているのに、顔に悲壮感がなく、穏やかで、親切で、時々よくわからないだじゃれを言っては、いつも人を喜ばせようとします。

いつまで経っても先を行く、追いつかない存在です。

宗次さん ブラザーズにて

宗次さんは、掃除について次のように述べています。

あえて掃除の欠点をあげるなら、とにかく〝つらい〟こと。（中略）つらさを乗り越えさえすれば、大きな喜びが待っている。

つらくて誰もやらない、やれない、やろうとも思わない掃除。その魅力や効用をわかってはいても、なかなかできない、続かない掃除。そんな掃除に真剣に取り組み、しかも続けることには、計り知れない人生の価値があります。

続かない掃除だからこそ、続けることさえできれば、誰にでも成功のチャンスがあるといえるのです。

出典：『日々のことば　宗次徳二「掃除の達人」』

掃除からのご縁はまだまだあります。

私は少しでも周りの人たちの掃除に対する関心を高めるために、時折自身のフェイスブックに掃除のことを投稿していました。ある日、私の投稿をたまたま見ていた、同じ人形町で飲食店を経営している、すき焼きで有名な「人形町今半《いまはん》」の髙岡慎一郎社長から、「中央区倫理法人会」への見学に声をかけていただきました。初めてお会いする時は緊張しましたが、年下の私に対してもとても紳士的で、礼儀正しく対応してくださいました。

当時小学校一年生だった息子の勇起がトイレ掃除をしている動画の投稿を髙岡さんがたま

たま見てくれていたのがきっかけで、これもまた「トイレ掃除」からのご縁でした。

倫理法人会とは、一般社団法人倫理研究所の法人会員によって組織された会です。「企業に倫理を、職場に心を、家庭に愛を」をスローガンに、まずトップ自らが純粋倫理を学び、経営者自らが変わることによって、社員や社風を変え、健全な繁栄を目指すという会です。

職場の明朗化と企業の活性化のために、経営者の学習活動として、毎週一回、早朝に全国約七〇〇カ所で「経営者モーニングセミナー」を開いています。倫理法人会に加入している各職場では、毎朝『職場の教養』という冊子を使って朝礼を実施しています。

私も、企業倫理を高めることは今後の会社の発展にとって不可欠なことだと思っていたので、あまり抵抗もなく、中央区倫理法人会が主催するモーニングセミナーへ見学に行きました。

開催場所は築地本願寺の境内にある「伝道

息子のトイレ掃除

会館」という建物の中です。朝早いので外はまだ暗いですが、モーニングセミナーに参加するため、中央区で会社を経営している皆様が続々と集まってきます。

初めてのモーニングセミナーは、非常にピリッとした雰囲気のなかで行われました。朝から元気よく倫理法人会の歌を歌うところから始まり、本を輪読し、その後講師の先生が講話を行うといった具合に進みました。会が終わると和やかな雰囲気のなか、参加者が集まって朝食を食べます。当時会長だった谷本康人《やすひと》さんをはじめ、当時副会長だった服部信《はっとりのぶ》光《みつ》さん、そして会の皆さんがとても親切に接してくれて、非常に良い印象を持ちました。

古芝さんと

初めて参加した倫理法人会に何となく見覚えのある方がいたのですが、朝食会でその方が自己紹介した時に、誰だかはっきりわかりました。その方とは、私が会社の「改善」に取り組んだ際に参考にした『儲けとツキを呼ぶ「ゴミゼロ化」工場の秘密』の著者である、枚岡合金工具の古芝社長でした。その日たまたま大阪から出張で東京に来ていて、中央区の法人会に参加していたのです。朝食会が終わった後に、ご挨拶をさせていただき、古芝さんの著書が大変役に立ったことへのお礼を伝えました。

「このタイミングは絶対にあり得ない、これも何かの縁に違いない」と思い、見学したその日に中央区倫理法人会に入会することを決めました。

また、加入後しばらくしてから、倫理法人会主催で宗次さんのイブニングセミナーが開催されたのも驚きでした。宗次さんが倫理法人会の事務局の方に「中央区に北浦さんがいますね」と仰ってくれたようで、それがきっかけで私にも連絡が入り、宗次さんのスピーチの前座を務めたのを覚えています。セミナーが終わった後に、髙岡さんが「築地玉寿司」の四代目社長である中野里《なかのり》陽平さんを紹介してくださって、ここでも良いご縁をいただきました。

ブラザーズと人形町今半のコラボバーガー

その後、髙岡さんのご厚意により、人形町今半とコラボレーションしたハンバーガー「すき焼きバーガー」を日本橋三越の催事で販売させていただきました。日本橋人形町を代表する老舗すき焼き店とのコラボレーションは、我々だけでなく、グルメバーガー業界全体の価値を上げてくれる記念すべき出来事となりました。

また、すき焼きバーガーを試食する時には、ブラザーズの開店時からお客さんとして来店してくださっていた髙岡慎一郎さんの弟、髙岡哲郎副社長とも久しぶりに再会しました。哲郎さんは東日本大震災を機に、福島で過酷な状況にある子供たちに夢と感動を与えられるようにと立ち上げた「特定非営利活動法人　児童夢基金」を運営されています。学校の校庭に遊具がないため運動不足になりがちな子供たちのために、ジャングルジムを寄贈する立派な活動をされています。

人形町今半にて（左から、髙岡慎一郎さん、北浦専務、金子部長、筆者、髙岡哲郎さん）

倫理法人会は五年ほど所属したのち、卒業させていただきましたが、掃除が全てのきっかけとなり、このようなたくさんのご縁につながったというのは本当に不思議なことです。掃除をしていなかったら、このような出会いは起こらなかったでしょう。

凡事徹底

倫理法人会に参加して最も大きな収穫となったのは、会社に朝礼を導入できたことです。それまでは夜の営業終了後にその日の反省点を共有し、朝は皆で円陣を組んで、「1《ワン》、2《ツー》、3《スリー》、ブラザーズ！」と掛け声をかけて営業をスタートするというスタイルでした。朝から元気よくスタートできる、より良いものを探していた私にとって、倫理法人会の朝礼はとても参考になりました。

朝からビシッと起立し、姿勢を正して、礼をする時も心を合わせながら一定の角度を保ち、大きな声で元気良く挨拶をする。とてもアメリカンなハンバーガー屋がするような朝礼ではありませんが、私はそのギャップがとても気に入りました。アメリカンスタイルの中にも日本流の一面がある、まるで陽と陰が合体して大きなパワーになるような朝礼スタイルです。

中央区倫理法人会服部信光新会長の指導のもと行われた朝礼実演

ブラザーズでの朝礼の練習

新しい朝礼の開始時は、社員も多少の違和感があったと思いますが、特に文句や不満の声も出ず、皆素直に実践してくれました。これも日頃の掃除を実践していたおかげだと思います。朝礼はまだまだ練習中で、店舗によって精度もまちまちですが、朝から活力を生み出し、ピリッとした雰囲気の良い状態でスタートできるよう心がけています。

前述した通り、慣れないことや自分の価値観に合わないものでも、「まずはやってみる」ことがとても大切だと思います。やってみる前から全てを知っていることなどなく、やってみて初めてその効果を実感できるからです。良いと言われるものは理屈抜きにまずやってみる。例えば「公衆トイレを掃除するといいよ」と言われたら、実際にやってみることで自分の心にどのような変化があるのかを検証できますし、自分が想像していたものと違う何かを知ることができます。一方で、自分の経験だけを頼りに、なんだかんだ理由をつけてやらなかったら、新しい発見は生まれません。最初から門戸を閉ざすのではなく、新たな価値観を広げるチャンスだと思えば、人生観が広がります。

新しいことを実践する時は、その効果を「信じる」ことも大切です。なぜなら、初めから「何も起こらない」と決めつけてしまうと、得られる効果も下がってしまうからです。信じるには素直さが必要です。素直な人は、言われたことを言われた通りに理解し、実践できます。素直な人の心には「吸収力」があり、そうでない人には「抵抗力」しかありません。だからといって、何でも信じればいいかと言うと、そういう訳ではありません。傲慢にならず、「自分には知らないことがある」ということを認めて、積極的に未知なものに挑戦することが大切なのです。

朝礼では、「キッチン十か条」「ホール十か条」、そして「ブラザーズの目標」を斉唱します。「十か条」は、仕事をする上で大切な心構えを一〇個ずつ書いたものです。十か条に書かれている内容を毎日意識しながら仕事をすることで、個々の成長につながるように作りました。これを朝礼に採り入れたことで、会社の倫理観も増した気がします。

働く上で倫理観を高める一つの考え方が、先にも述べた「凡事徹底」です。凡事徹底とは鍵山さんの言葉で、「なんでもないような当たり前のことを徹底的に行うこと」、つまり「当たり前のことを当たり前にやるのではなく、当たり前のことを誰にも真似できないくらい一生懸命やる」という意味です。

大きなことは、小さなことを積み重ねることによって達成できます。しかし、小さなことを、目的もなく中途半端にいい加減に行ってしまっては、成功が遠のいてしまいます。「一生懸命」は、「一所懸命」とも書きます。「一所懸命」とは、漢字の通り「一つのところに命を懸《か》ける」という意味です。

仕事の内容によってやる気が出たりやる気が出なかったりするのではなく、終始一貫して、何事も最初から最後まで、手を抜くことなく、精一杯やり抜く姿勢が大切です。

例えば、使ったものを元の位置に戻す時も、ただ戻すだけではいけません。「完璧に」「ビシッと」揃えるよう意識する。完璧に戻すことで、次に使う人が使いやすくなります。ボトルのキャップがしっかり締まっていない、金庫が完全に閉まっていない。ノートが開きっぱなし。これらは現場でよく見る光景です。脱いだ服をハンガーにかける時も、向きがバラバラだったり、ハンガーから服が落ちそうになっていたりしたら、凡事徹底ではありません。同じ向きに、完璧に、ビシッとハンガーにかける。これが凡事徹底です。

スリッパや靴もそうです。スタッフルームのスリッパには「凡事徹底」と印刷して、スリッパを脱いだら、次に履く時に履きやすい位置に置くことを徹底しました。

椅子も同様に、座っている椅子から離れる時は、椅子を元の位置に戻せば、椅子の後ろの空間がすっきりして、人が通りやすくなります。

凡事徹底を意識して行動すると、心がじわじわと変わっていきます。そして秩序感覚が高まり、環境をコントロールする能力も向上します。

凡事徹底。皆で自分の靴を磨く

世界最強と言われているアメリカ海軍の特殊部隊ネイビーシールズでは、毎朝指導官が現れて、ベッドメイキングが正しく完璧になされているかどうかをチェックをするそうです。シーツがシワ一つなく伸び、枕が定位置に置かれ、予備の毛布が棚の下にきちんと折りたたまれているかをチェックされます。

ネイビーシールズのウィリアム・H・マクレイヴン海軍大将は、テキサス大学の来賓祝辞の中で、ベッドメイキングに関してこのように語っています。

それは単純で平凡な仕事ですが、私たちは毎朝ベッドを完璧にすることを求められました。その当時は、少しバカバカしく思えました。特に、私たちは真の兵士、戦闘のために鍛え上げられたシールズを高く志しているという事実と照らし合わせても。

しかし、この単純な作業の智恵が、本物であると何度も思い知らされました。ベッドを毎朝整えると、その日の最初の仕事を完了したことになり、それだけで褒められたような感じがして、その他の仕事も次から次へと頑張れるような気になるでしょう。

そして、1日の終わりには、ひとつの仕事の達成が積み重なって、いくつもの仕事の達成になります。ベッドメイキングとは、人生の小さな物事を強固にしてくれるものでもあるのです。小さな物事を正しく行えないのなら、大きな物事を正しく行うことなど決してできないでしょう。

もしも惨めな1日を過ごしたとしても、家に帰ると自分が整えたベッドが待っています。そして、そのベッドがあなたに明日をより良くする勇気を与えてくれるでしょう。だから、世界を変えたければ、ベッドメイキングから始めましょう。

出典：ウィリアム・マクレイヴン海軍大将がテキサス大卒業生に贈った「世界を変える10の教訓」https://logmi.jp/business/articles/72770

「凡事徹底」の威力は世界共通のようです。

毎日行う業務や掃除などを、日々新たな心構えで、前日よりも一ミリでも精度を高めていくという意識を持ちながら、工夫をして仕事を行うことができれば、その積み重ねにより、五年後、十年後にはとてつもなく大きな力に変わっていきます。退屈するのは、業務内容ではなく、ある程度のレベルで満足し、さらに自分の仕事を向上させるための工夫をしなくなったからです。

「退屈」という状態は心をじわじわと蝕みます。無駄なことに時間とエネルギーを費やすことになります。心が淀み、言い訳も増え、お店の活気を奪います。退屈でいることで何一つ良いことはありません。

仕事をする上で、その瞬間瞬間、一手一手に全身全霊を込めて物事を行うことのできる「凡事徹底」の心を作ることで、いわゆる「凡ミス」は確実に減り、今まで気がつかなかった様々なことに気がつくようになります。

私の好きな言葉に、「雨垂《あまだ》れ石を穿《うが》つ」ということわざがあります。小さな雨垂れも、何度も何度も石を打つことで、硬い石すらも変形させて、穴を開けることができる。行動という小さな波紋が、大きな波紋に変わっていく。歴史上どんな大きな偉業も、最初は個人から始まっています。どんな大きな建物も、一つの石を置くところから始まります。一つの行動から生まれる可能性は無限大です。

以下は世の中に大きな影響を与えた偉人たちが、一日をどのように取り組むかについて著した考えです。

◇松下電器（現・パナソニック）創業者　松下幸之助氏

いかなる環境にあっても、自分の最善を尽し、一日一日を充実させ、それを積み重ねていく。それが役に立つ人間であり、そのようなことが人を成功に導いていく道だと思うのである。

出典：『松下幸之助一日一話』（ＰＨＰ研究所）

◇カレーハウスＣｏＣｏ壱番屋創業者　宗次徳二氏

経営は行き当たりバッタリがよい。

私のように計画を練る思考力がないのであれば、とにかく「その日その日を全力でやる」「経営に対し一途に取り組む」ことです。

出典：『夢を持つな！　目標を持て！』（商業界）

◇イエローハット創業者　鍵山秀三郎氏

いまでも私自身に言い聞かせているのが、「今日が最低の日」という言葉です。つまり、「今日よりも明日を、もっとよりよい自分にしよう」という自分自身に対する掛け声です。

出典：『困難にも感謝する』（ＰＨＰ研究所）

◇京都セラミック（現・京セラ）創業者　稲盛和夫氏

一日一日を懸命に生きれば、未来が開かれてくるのです。正確に将来を見通すということは、今日を努力して生きることの延長線上にしかないのです。

出典：『成功への情熱』（ＰＨＰ研究所）

◇日本電産創業者　永守重信氏

他社が八時間働いているのであれば、われわれは倍の十六時間働き、納期は他社の半分にする——要するに、一生懸命に働こうというのが、今もわが社の伝統として受け継がれている精神なのです。

出典：『情熱・熱意・執念の経営』（ＰＨＰ研究所）

◇生長の家創始者　谷口雅春氏

すんだことの中に生活せず、「今」のなかに生活せよ。「今」は常に生きている。「今」の中にはあらゆるものが輝いている。「今」は常に新しく、「今」は常に喜びに満ちている。過去にどんな悲しいことがあったにしても、それについては思い煩《わずら》うな。

出典：『生命の實相　第37巻』（日本教文社）

◇倫理研究所初代所長　丸山敏雄氏

今日はまためぐって来ない。
昨日は過ぎ去った今日であり、明日は近づく今日である。
今日の外に人生はない。

今日は一生に二日とない幸いの日、又すきがあればどんな危険が襲うかもしれない厄日である。黒にするか白にするか、それは己自身にある。

出典：社団法人倫理研究所監修『丸山敏雄一日一話』（ＰＨＰ研究所）

◇チャーチ・オブ・サイエントロジー創設者　Ｌ・ロン・ハバード氏

決して昨日を後悔しないこと。人生は今日、あなたの内にあり、そしてあなたがあなたの明日をつくる。

出典：『サイエントロジー０－８　基本の書』（New Era Publications International ApS）

◇マハトマ・ガンジー氏

明日死ぬかのように生きなさい。そして永遠に生きるかのように学びなさい。

出典未詳

◇マザー・テレサ

昨日は去りました。明日はまだ来ていません。私たちにはただ、今日があるのみ。さあ、始めましょう。

出典未詳

日本、そして世界の偉人たちは、過去のことに心を煩うことなく、「今」という瞬間瞬間を一生懸命生きることが、喜びや自由に至る境地である、ということを説いているわけです。英語で「今」または「現在」を表す言葉はpresent《プレゼント》といいます。「今」というかけがえのない贈り物《プレゼント》を大切にし、凡事を徹底して一日一日を全力で取り組めば、人生が好転していきます。

第5章

Zの精神

コロナ禍に出した最高売上

二〇二〇年二月頃に新型コロナウイルスの波が日本にも到来し、今なお事態は収束していません。マスクの着用、アルコールでの消毒、ソーシャルディスタンスなど、人々の生活様式は大きく変わりました。若者たちは、学校に行けず、クラブ活動もできない。授業もオンライン授業など、様々な行動が制限され、「外出自粛」や「ステイホーム」が呼びかけられました。

飲食店は営業を継続する上で様々な規則を守らざる得なくなり、営業時間の短縮、酒類販売の禁止、営業自粛など、社会的にも経済的にも非常に困難な事態になりました。

このような状況下で、私が最も危惧するのは、「人々の自由が奪われている」という点です。感染対策が必要なのは理解できますが、「自由」は人々が生きる上でとても大切なことです。人間には「権利」があります。それは「行動の自由」「言論の自由」「表現の自由」「営業の自由」「選択の自由」「思想の自由」「信教の自由」など、人が生まれながらに持っているとされる権利です。これらの権利が侵害されると、「拘束」「奴隷化」「支配」「制限」「束縛」「専制」といった「不自由」さが人々を抑圧し、人々は窮屈な思いをすることになり、ストレスも増えていってしまいます。

コロナの影響により、日本橋の髙島屋も一時閉館となりました。私たちがいくら営業したくても、百貨店のルールは守らなければいけません。ブラザーズ日本橋髙島屋店の売上もなくなりました。

しかしコロナ禍においても、創業の地である人形町本店、二店舗目となる人形町デリバリー店、三店舗目の東雲店の売上は、月間の過去最高を更新しました。人形町本店は十年以上目指してきた売上目標を突破することができました。これは開業時の約七倍の売上です。

コロナ禍になってから、まず取り組んだのは資金繰りです。売上減少に伴うコロナ関連の融資が受けやすくなったため、店が潰れないよう潤沢な融資を申し込みました。これで金銭面はクリアです。

日本橋髙島屋店が一時閉館になったことで、同店のスタッフを需要の高かったデリバリー店に移動させ、配達時間を短くしながらサービスを高めたことで、デリバリー両店舗の月間最高売上を記録することができました。

プロモーションの手も緩めず、会社訪問、ポスティング、手配りのチラシ、常連さんへの電話や手書きのハガキ送り、ダイレクトメール、新商品の販売による来店促進、ＳＮＳの大量投稿など、宣伝を強化しました。以前一度やめていた手配りのチラシ配布も、私が何も言わずとも、人形町本店の山本哲也店長が自分で考えて復活させ、行動に起こしてくれました。その行動力はお見事としか言いようがありません。

また、レストランでのテイクアウト販売や新商品の販売も行い、政府から酒類販売禁止が発令された時も、専務の裕子と金子部長が素早く動き、ノンアルコールカクテルを三時間で三種類作り、ＰＯＰを作成し、翌日にはレストランで販売できるように早急に対応してくれました。

今まで一度も休んだことのなかった地域清掃も、これまで通りコロナの中でも継続することを決め、スタッフもほぼ全員が参加してくれました。

もう一つ大きく取り組んだのは、全店舗の外観を中心としたリニューアルです。駐車場の床の塗装、サイン看板の取り替え、テントの取り替え、内外装の塗装を行い、心機一転

祝100回 人形町清掃

人形町デリバリー店の壁塗り

コロナ禍でのリニューアル 内装

コロナ禍でのリニューアル 外観

しました。

このように、今まで大切にしてきた「通常通り」の行動を、粛々と継続し、強化したのが主な勝因だった気がします。

「営業短縮や酒類販売禁止という不利な条件の中、過去二十年で一番良い売上を出して、このような状況下でも自分たちの行動次第で良い成果を生み出せたという、ブラザーズの歴史として語り継がれるような前例を作ろう」「過去にこんなことがありながらも乗り越えた、というストーリーを作り、次世代に勇気を与えよう」「世の中の元気が低下しているこんな時だからこそ、ブラザーズのハンバーガーとサービスを通して、お客さんを元気にしていこう」と、現場のスタッフを鼓舞し、困難な時期にこそ営業を続ける意義と価値を高めました。

今回のコロナでの一番大きな収穫は、「お店を営業し続ける」というその決断に対して、スタッフが誰一人として反対しなかったことです。感染対策を徹底しながら、「ハンバーガーとサービスを通して、お客さんを元気にする」というブラザーズのミッションを果たすため、積極姿勢を崩さず、一生懸命に取り組んでくれたスタッフを誇りに思います。

そのおかげもあり、コロナが始まった二〇二〇年、この年二十周年を迎えたブラザーズの年間売上は、営業時間を短縮したにもかかわらず、被害を最小限に食い止めることができました。

実は、コロナの時期に苦戦したのは、「働き方改革」によってスタッフの就業時間が制限されたことです。今までは、繁忙期や突然のスタッフの辞職など、どうしようもない時には、現場のスタッフに残業してもらい、その分は残業代として報酬を支払っていたのですが、新しい就業時間のルールによって、それが認められなくなってしまいました。

コロナ禍で迎えた20周年

私はこの「働き方改革」には疑問を感じています。働く人を守るための改革である一方で、働く意欲のある人たちが働くことを制限されてしまっている状況も生まれているのです。働く時間を基準にするのではなく、働く人の意欲、働く人自らが自分の仕事を果たすことを基準に考えるべきだと思うのです。

私にとっての働き方改革とは、

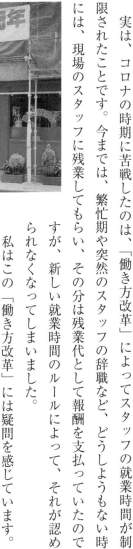

- 働くことを避けたり、苦痛に感じたりすることなく、喜びを持って仕事ができるような職場を作ること。
- 働く人々の人間性を高めることを最優先にすること。
- 自分の意見を持ち、自分で判断して、自分で行動できるような教育を推し進めること。
- 雇われ根性を払拭し、自分の役割を果たせるような責任あるスタッフを育てること。
- 個々の倫理観を高めること。やるべきことをやり、やるべきでないことはやらない。
- その人の能力を最大限に発揮できるような職場環境を作り、挑戦の機会を作ること。
- 意欲と能力を高め、目標を達成できるような強いチームを作ること。
- 信頼関係のもとで仕事ができるよう、スタッフ間のコミュニケーションを活性化し、風通しの良い職場環境を作ること。
- 良き働き手、生産性の高いスタッフが報われるような正しい評価制度を作ること。
- 会社の柱となる経営者自らが人間性を高められるよう、常に新しい知識を学び、実践し続けること。

「働く」とは「人」と「動く」が合わさった言葉です。そして仕事とは、「何かを仕《す》る（行う）こと」です。また英語で働くことをworkといいますが、workの語源も同様に「行う」です。つまり「行動する」ことが仕事です。「行動する」は英語ではactです。その語源は、「完遂する」です。つまり「完遂する」のが「働く」ということなのです。

また、「経営」を『スーパー大辞林3.0』（三省堂。以下、『大辞林』）で調べると「方針を定め、組織を整えて、目的を達成するよう持続的に事を行うこと。特に、会社事業を営むこと」とあります。「営む」という言葉は、「怠らずに行う」という意味であり、「いとなし」という言葉を動詞化した言葉という説があります。「いとなし」とは、「暇無し」と書きます。つまり、「暇がないほど休みなく努める」というのが経営の本来の意味なのです。「暇がない」ということは、「忙しい」ということです。目の前の仕事をできるだけ早く片づけて、忙しく行動すると、いい流れが生まれます。

そして忙しくすると、人の動く「速度」は早くなります。速度は英語でspeedです。その語源は「成功」という意味を持っています。何かを成功させるには、決断や行動にスピードが不可欠のようです。

ピンチはチャンス

私は小学校時代に放送された「スクール☆ウォーズ」というテレビドラマが大好きで、再放送でも物足らず、ＤＶＤも購入したほどです。このドラマは、元ラグビー日本代表の熱血教師、山口良治監督が、それまで無名の不良高校だった京都市立伏見工業高等学校ラグビー部を全国優勝に導く七年間の軌跡を、一九八四年にドラマ化したもので、その先生役を俳優の山下真司さんが見事に演じています。

当時、このドラマが「実話」であると聞いた時は、衝撃が走りました。たった一人の指導者の熱い思いが、生徒たちの心に火をつけて、「全国優勝」という偉業を実際にやってのけたのです。生徒たち一人一人の可能性を信じ続けることの大切さや、いかなる逆境も諦めずに乗り越えることの大切さ、また指導者としてのあり方や教育のあり方など、様々な哲学がこのドラマには詰まっています。

どのような事態が起きても、「それに対して何ができるか？」「どのように手が打てるか？」という考え方が、窮地を救います。

「不景気だから」「人がいないから」「業界が厳しいから」「ブームが過ぎたから」「親が」「子供が」「奥さんが」「旦那が」「部下が」「上司が」「お客さんが」「社会が」「政府が」「コロナが」「お金が」「場所が」「物が」「スペースが」などなど……。物事がうまくいかない時にこのような考え方に陥ってしまうのはわかりますが、そのような考え方では物事を良くしていくことはできません。

人間は何かあると環境のせいにしがちです。その環境を自分がうまく動かすのか、それとも環境のせいにするのか。そのどちらを選択するかで、その後の行動は変わり、行動に続く結果にも大きな違いをもたらします。人生は自分が作るものであり、誰かに作ってもらうものではありません。全ての原因は、良くも悪くも全部自分なのです。

世界中のテレビや新聞などの報道のほとんどは、悪いニュースで興味を惹《ひ》くことを生業《なりわい》としています。そんなニュースは見ないのが一番です。ネガティブなニュースを見る代わりに、ポジティブなニュースを作り出すことに専念することのほうが賢明です。

その一方で、自分の人生にマイナスな出来事が生じた場合でも、そのマイナスをマイナスとして捉えずに、マイナスをプラスに変える原動力として「利用する」ことが大切です。実際、マイナスだと信じているような出来事が起きるからこそ、その逆境をバネに人は成長することができます。「ピンチはチャンス」です。

以前、海外のサイトで日本の漁業を題材にしたたとえ話を読んだことがあります。本当の話ではないようですが、とても面白かったのでご紹介します。

日本人は昔から新鮮な魚が大好きでした。しかし、ここ数十年の間に、漁獲量が増えたため、近場で魚を見つけるのが難しくなってきました。漁船は大きくなり、どんどん遠くの海に出ていくようになりました。もちろん、遠くに行けば行くほど、魚を持ち帰るのに時間がかかり、やがて「新鮮な魚の味がしない」という苦情が出るようになりました。

この問題を解決するために、漁業会社は船に冷凍庫を設置しました。漁師たちは獲った魚を海上で凍らせるようにしたのです。これにより、漁師たちはより遠くの海まで行き、より長く滞在して、より多くの魚を獲ることができるようになりました。これは素晴らしい解決策に思えましたが、日本人は新鮮な魚と冷凍された魚の違いを見極めることができたため、冷凍の魚はあまり人気がありませんでした。

そこで、漁業会社は船に水槽を設置することにしました。水槽に入れた魚は最初のうちは元気よく暴れていましたが、数日後には動き回らなくなってしまいました。魚は生きたまま岸に着きましたが、疲れていて元気がなくなってしまいました。

では、日本人はこの問題をどのように解決したのでしょうか？

日本の漁師は、魚の鮮度を保つために、船の上に設置したそれぞれの水槽に小さなサメを入れたのです。その結果、水槽の中の魚はサメに食べられてしまい、少しずつ減っていってしまいましたが、サメに食べられないように元気に逃げ回った魚は、海の中と同じように、生き生きとした新鮮な状態で港に辿り着いたのです。

この方法により魚は新鮮な味を保つことができたため、日本人はより遠くの海で多くの漁をして、自分たちの基準に合った新鮮な魚を持ち帰れるようになったのです。

この話は、居心地のいいところに居続けると、人はだめになってしまうということを教えてくれるエピソードです。また、人は目標を達成し、もうどこにも行くところがないと感じると、情熱を失い、堕落してしまうことが多いことも教えてくれます。

人は挑戦できる環境の中でこそ成長します。自分の水槽にサメを投入し、新たな決意のもとで挑戦すれば、モチベーションを維持することができ、さらには「新鮮さ」を保つことができます。成功への道のりは決して居心地のいいものではないのです。

ドラマの「スクール☆ウォーズ」とまではいきませんが、スタッフ一人一人の可能性を信じたことで、コロナ禍という逆境（サメ）を乗り越え、ブラザーズの歴史に新たな一ページを加えることができました。

人生の目標

ブラザーズの目標は、「愛と勇気ある、グルメバーガー業界のリーディング『老舗』カンパニー」です。色々なことに挑戦しながら、良い手本となるよう業界をリードし、あらゆる困難を愛と勇気を持って乗り越え、百年続くような老舗の存在になること。そのような存在になるためには、この先も様々な障害を乗り越えていかなければなりません。

会社が掲げる「目標」とは、その会社が将来どのような存在でありたいかという問いに対する答えです。これは会社などのグループだけでなく、個人にも当てはまります。

「将来どのような存在になりたいのか？」

「私の夢は、オリンピックに出て金メダルを取ることです」という人は、「金メダリスト」という存在になれるよう、誰よりも厳しい練習を乗り越え、試合に勝ち続けるという過程を踏んでいきます。

よって、人生とは、「自分の目指す存在を明確にし、その存在に到達するための魂の修練の場」といえるかもしれません。

仕事の真の目的は、生活のためでも、お金のためでも、地位や名誉を獲得するためのものでもありません。たくさんお金を持っている人が皆幸せかというと必ずしもそうであるとは限りません。俳優のロビン・ウィリアムズさんは、コメディ界で大成功し、歴代最高のコメディアンとして知られるようになった後、俳優活動でもアカデミー賞やゴールデングローブ賞、グラミー賞など数々の賞を取り、はたから見れば順風満帆な人生でしたが、最後には自殺してしまいました。

仕事とは、自分が理想とする存在に辿り着くための実践の場です。必然的に訪れる様々な困難を乗り越えていくことで、そのような存在に少しずつ近づけるのだと思います。それを乗り越えていく過程《プロセス》こそが、「人生」であり、「幸福」です。何も障害のない人生では、成長することも、幸福を感じることもできません。障害が大きければ大きいほど、怒り、恐れ、哀しみから喜びまで様々な感情を経験することになります。困難を何度も通り抜けると、徐々にその困難に動じなくなります。動じなくなったら、それは次のステージに上がる時です。

また、新しい困難が現れた時は、自分を高めるチャンスが訪れたというサインです。そのようなサインを見逃してしまうと、自分を高めるチャンスをみすみす見逃してしまうことになります。

そのようなチャンスが訪れないとするなら、今までサインが出ていたにもかかわらず、そのサインを避け続けてきた可能性があります。その場合は、新しい挑戦や新たな目標を設定して、さらなるレベルアップに励む時です。

実際のところ、幸福には終わりはないのかもしれません。一つ達成したら次の目標、その目標を達成したら、より大きな次の目標、という具合です。それは、理想の身体を得るために、日々筋トレをするような感覚に似ているかもしれません。理想の心を得るためには、「心の筋トレ」が必要です。理想の心とは、例えば「清く正しく美しく」に代表されるような、人間として最適であるとされているような心のことです。愛情深い人間になりたければ、人を憎むことなく愛し続ける、という考えを実践し続けることになります。

目標を追い続けている人には報酬があります。その報酬とは、「充実感」「喜び」「良い出会い」「自信」「信頼」「友情」「感動」など、どれも目には見えにくいものですが、これら全てはどんなにお金を積んでも買えないようなものです。お金は便利な道具ですが、このようなものと比べたら、大したものではありません。

人はよく昔のことを振り返って仲間と楽しそうに話すことがありますが、その内容のほとんどが、失敗談や大変だった時の話だったりします。その時は大変だったことが、後になって笑い話になったり、面白いエピソードになったりします。

人生の目標とは、自分が目指す存在に到達すること。人間性を最高のレベルに向けて磨き、最高レベルの精神的な自由を達成すること。そして、その道に辿り着くまでの過程《プロセス》こそが、真の幸福である。私はそう信じています。

人間の価値

「価値がある」という言葉の意味は、大体次のように分類できます。

一．物事の役に立つ
例：切れ味が良い包丁
二．他のものよりも優れている
例：驚くほど提供が早い飲食店
三．肉体的、精神的な欲求を満たす
例：心も体も元気になる健康食品
四．金銭的な値打ちがある／交換に値する
例：世界で限定五〇台の車

五．目標実現の役に立つ

例：幸せな人生を送るための秘訣が書かれている本

お店の繁盛は、価値ある商品やサービスを提供できるかどうかにかかっています。サービス（service）とは、「相手のために尽くすこと」「役に立つこと」という意味です。真のサービスとは「相手を思いやる心」です。思いやりとは、「相手の身になって考えること」です。自分のことだけ考えている人は、相手のことまで気が及びません。そして、そのような価値ある商品やサービスを作るのは「人」です。商品の価値を上げる最良の方法は、その商品を生み出す人々の価値を上げることだと思います。すなわち、会社が創るべきは「価値ある人々」です。

成功者になろうとするな。むしろ価値ある人となれ。

出典：“Death of a Genius,” *Life*, 1955 May 2.（筆者訳）

これはアルバート・アインシュタインが一人の大学生に語った言葉です。

人間の価値は、銀行口座の残高では測れません。人間の価値は、出身校とも関係がありません。人間の価値は、どれだけ多くの人々の役に立っているか、どれだけ人々や社会を助けているかによって測られるべきだと思います。

ブラザーズでは、人の役に立ったり、助けたりすることを「ヘルプする」と言います。人生の中で、最も重要な能力は、「ヘルプ能力」といっても過言ではありません。

世の中は、たくさんの「ヘルプ」で溢れています。太陽があることで作物が育ち、その作物を食べることが生きる助けになります。道路があることで車が走ることができ、水道があることで潤沢に水を使うことができます。着る服があることで裸で生活せずにすみます。家があることで野宿せずにすみ、風呂があることで体の汚れを洗い流すことができます。電気があることで暗い中で生活せずにすみます。布団があることで温かく寝ることができます。あたりを見回すと全てが自分をヘルプしてくれているわけです。このように、生活する上でたくさんのヘルプを受けているのです。

生きる上でヘルプを受け取っていない人など一人もいません。私たちは、生まれた時点で親や助産師さんからヘルプされています。学校や先生からもヘルプされ、国や地方自治体からもヘルプされ、自分の肉体から離れて死ぬ時も、お坊さんや神父さんに葬式を挙げてもらい、遺体を焼いてもらい、埋葬されます。最後の最後までヘルプは続きます。

それだけ多くのヘルプを受け取る分、与えられたヘルプ以上に、それを上回るヘルプを与えることで、人は生き生きとするものです。人は与えることよりも受け取るものが多いと、なんとなく幸せに感じないものです。ヘルプする人にこそヘルプはやってきます。与えて、与えて、与えることに意識を注げば、いざという時に与えた分だけ必要なヘルプがやってくるのです。

かといって、受け取ってはいけない、というわけではありません。与えるのと同時に、受け取ることも同様に大切です。そうでなければ、相手のヘルプを挫折させてしまうことになるからです。相手からのヘルプが純粋なものであれば、それを受け取るのも優しさというものです。例えば、子供が絵を描いてくれたら、大いに認めて、喜んで受け取ることなどです。子供は自分が誰かの役に立ったと感じると、とても元気になります。

また、与えることと、受け取ることのバランスが崩れると、人間関係に影響を及ぼします。コミュニケーションを例にとると、ある人は一方的に話すけれど、人の話を聞かない。逆に、ある人は話は聞くけれど、自分からは発さない。これではバランスが崩れてしまいます。

「仕事がうまくいかなかった」というのは「ヘルプがうまくいかなかった」といえるかもしれません。ヘルプがうまくいかないと、人の気が低下します。逆に、うまく人をヘルプできた時には、気が上昇します。感謝される、喜ばれるというおまけもついてきます。

商売はどれだけ多くのヘルプを提供できるかによって、その価値が決まります。商売は何かを売ることで成り立ちますが、英語で「売ること」を意味するsell《セル》やsales《セールス》の語源は「与えること」です。つまり、何かをセールスするというのは、商品を無理やり押しつけて販売することではなく、与えること、お客さんの決断をヘルプすることなのです。

妻の裕子は、結婚前に女手一つで二人の子供を育てながら、内職でゴムのバリ取りの仕事をしていました。バリ取りとは、型抜きしたゴム製品についている「バリ」と呼ばれる不要物を手やニッパーで取るという非常に細かい作業です。作業単価は〇・五〜三〇円と幅があります。単純な作業ですが、丁寧な仕上がりを求められる作業です。結婚前は、家でこのバリ取りを二人でよくやっていましたが、裕子は指先が器用で、早く、かつ仕上がりも丁寧でした。

内職を行っている人の中には、あえて高単価のものしかやらない人もいたようですが、裕子はどんな単価の仕事でもまったく気にせずに受けていました。丁寧にかつ素早く仕上げてくれて、単価も一切気にしない。ゴム製品を受け取りに行くと、工場の人があえて高い単価のゴム製品を、そんな裕子のためにとっておいてくれたそうです。裕子はこの内職の仕事で月に三〇万円以上稼いでいました。内職をしたことのある人ならわかると思いますが、これはものすごい仕事量です。

たくさんヘルプした人ほどヘルプされます。

たくさんのヘルプを提供できると、人の価値は上がります。

そして、ヘルプした分、心が豊かになっていきます。

人に尽くすことが、結果的には自分のためになります。

地域清掃で段ボールを抱えて運ぶ裕子（右）

夫婦で続けているヘルプの活動の一つに、寄付活動があります。創業当時から二十年以上続けています。開業してから貯金というものをしたことがありませんが、お金に不安になることはなく、不思議と困らないのです。

日本はほとんどの人が食べるものには困らない裕福な国です。消費者庁の調べでは、日本では毎日一〇トントラック一六四〇台分の食品を廃棄しているそうです。一方で飢えに苦しむ人々は世界で七億七〇〇〇万人に上ります（「食品ロス削減関係参考資料（令和三年八月二十六日版）」）。おかしなことだと思いませんか？

世の中で起きていることは、自分や自分の家族に起きていることと同様に、自分の一部でもあります。世の中には、社会のためになる活動をしている団体がたくさんあります。そのような価値ある団体に寄付というエネルギーを注ぐことで、価値ある活動を継続することができます。そのようなプラスの活動に、支援というプラスのエネルギーを皆で注げば、世の中は一歩ずつハッピーになるはずです。

手放し、手放し、手放しまくる。

与えて、与えて、与えまくる。

ヘルプし、ヘルプし、ヘルプしまくる。

ヘルプすることは、自らの「愛」と「勇気」を行動に表したものなのだと思います。嘘をついたり、約束を破ったり、人を裏切ったり、他人を傷つけるような不道徳な行いをしたりすると、人間の価値は下がってしまいます。嘘は、人間の臆病さから生まれます。臆病さに価値はありません。何か間違いを犯した時、嘘をついて免れるよりも、正直に言って怒られるほうが勇気があります。

「そんなことは当たり前だ」と言われるような内容ですが、この当たり前のことができていないのが、今の世の中だと思います。

日本の精神復興

松下幸之助さんは、私が生まれた一九七五年に出版された著書『危機日本への私の訴え』（ＰＨＰ研究所）でこのように述べています。

われわれの戦後の復興は、物の面ではもう成功した、しかし心の面はこれからだ、これから心の面の復興にとりかからなければいけない、そのことをはっきりと自覚しなければならないという感じがするのであります。

今の時代を松下幸之助さんが見たら、どう思うでしょうか。物質的にはその時代よりも明らかに豊かになりました。しかしその一方で、人間の精神は衰退し続けているように感じます。人間の精神を「物質」として捉える唯物論的な傾向が強く表れています。

マザー・テレサが一九八四年に来日し、聖心女子大学の講堂で講演された時の言葉は次のようなものでした。

日本では路上で行き倒れて死んでいく人、膿《うみ》にまみれてハエにたかられている人はいません。しかし、日本を歩きながら大変なショックを受けました。街はきれいだし、とても賑わっているのに、その街を歩く人たちの顔に笑顔がないのです。皆さんの悲しそうな表情が心に焼きつけられました。

インドの貧しい人たちは体は病んで苦しんでいますが、日本人は心の中にぽっかり穴があいているのではないでしょうか」

出典：鈴木秀子監修『自分の花を精いっぱい咲かせる生き方』(致知出版社)

マザー・テレサもこの頃の日本人の心が苦しんでいることを的確に見抜いていました。厚生労働省の報告によると、二〇一七年時点での精神障害の患者数は四一九万人以上です。現代は、心の問題を薬で解決しようとするような時代です。また、まだ成長過程にある子供たちが「発達障害」と診断されると、子供たちへの教育のあり方を十分に検討することなく、劇薬指定の強力な薬が処方されている場合もあります。これは日本の精神性の明らかな衰退です。

精神的な苦悩やストレスというものは、程度の差こそあれ、どんな人にも起こり得ます。前述したように、そのような時こそ、問題に向き合い、乗り越えることで、人は成長し、今後の人生を乗り越えるための教訓を得ます。また、このような困難は、足りない知識を学んだり、他人や自分の人生に対する態度を改めたりする絶好の機会でもあります。このような機会がなければ、人は成長することはできません。

本来、人間の心、人間の精神を扱う専門は、精神医学でも心理学でも脳科学でもなく、哲学、そして宗教です。世界には、ソクラテス、プラトン、アリストテレス、孔子、老子などの哲学者から、ブッダ、イエス・キリスト、ムハンマド、そしてガンジーやマザー・テレサ、キング牧師、ダライ・ラマ十四世、ルイス・ファラカン、Ｌ・ロン・ハバードなど偉大な精神的指導者の知恵があります。そして、日本には神道や仏教といった伝統宗教から、儒教をベースにした武士道もあり、元々精神性の高い国です。

日経ＢＰコンサルティング・周年事業ラボが二〇二〇年に発表した調査報告によると、世界で百年続いている企業が最も多いのは日本で、世界の創業百年以上の企業の四〇％以上を日本が占めます。創業二百年以上の企業数のナンバーワンも日本の一三四〇社で、世界比率は六五％に上ります。さらに韓国銀行が二〇〇八年に発表した調査報告などによると、創業千年以上の企業も日本が大半を占めており、世界でダントツ一位です。その中でも世界で最も古い会社である金剛組は、二〇二一年時点で一四四三年の歴史を誇っており、日本は会社の歴史の古さでも歴史の古い会社数でも世界第一位なのです。

老舗企業の共通点に、「理念（家訓、社是）が確立されていること」があります。そしてこのような老舗企業の理念の多くは、仏教、神道、儒教の影響を大きく受けているといいます。変化させてはいけない伝統や理念を維持しながら、仏教でいうところの「諸行無常」の教えにもあるように、様々な時代の変化にも対応しながら、前述した神道の式年遷宮にも見られる、伝統的な信仰や文化を次世代に引き継ぐことで永遠性を実現させる試みを続けてきたからこそ、生き残ってきたのです。

残念ながら、一九九五年に起きたオウム真理教の事件の際、今回のコロナ禍のように、一年以上、マスコミが毎日毎日この事件を取り上げた結果、「宗教＝カルト」「宗教＝怪しいもの」「宗教＝こわい」というイメージが植え付けられて、関係のない宗教まで敬遠されるようになってしまいました。私たちが外で掃除している時でさえ、怪訝そうな顔をされ、「どこの宗教ですか？」と聞かれることもあります。

ダライ・ラマ十四世は、宗教と哲学をこのように説明しています。

世界にはたくさんの宗教があり、それぞれ信じている神様も教義もバラバラです。時には互いが対立し、いがみ合ったりもしています。

でもどの宗教の根本にも「幸せになりたい」「よく生きたい」「苦しみから逃れたい」という共通の願いがあります。この願いをどうやって実現させるか、それを説くのが宗教の本質的な役割であり存在意義なのです。

出典：ダライ・ラマ十四世『傷ついた日本人へ』（新潮社）

ほとんどの宗教は他人を傷つけるような思想を持ちません。精神性を取り戻すためにも、宗教や哲学の価値をもう一度見直すことが必要だと思います。世の中の「常識」と呼ばれるものにあまりにも囚《とら》われてしまうと、自分で見たり考えたりする機会を奪われてしまいます。人の意見や噂に惑わされることなく、固定観念や先入観を捨てて、物事の本質を見極められるよう自分の目でよく観察して、その観察したものに対する自分自身の意見を持つことが大切です。そして、そのものが本当に効果があるのか、という考えのもと、学び、学んだことを実践し、深めることで、その知識を体得することができます。本書は宗教や哲学の本ではありませんが、目指しているのは、同じく人間の精神性の向上、つまり「精神の復興」です。

精神の復興とは、モノに溢れているこの物質世界において、心の豊かさを取り戻すことです。人間性を向上させたり、その人の持つ潜在的な可能性を見出したり、魂をレベルアップさせたりすることです。人は死ぬ時に、全ての持ち物を引っ越し業者に頼んであの世に持っていくことはできません。しかし、精神は永遠に不滅である、というのが私の考えです。

『大辞林』には、「脳」とは、「中枢神経系の主要な部分を占め、多数の神経細胞が集合し、全身の神経を支配している部分」とあります。どこにも「心」という言葉は見当たりません。一方で、「心」とは、「人間の体の中にあって、広く精神活動をつかさどるもとになると考えられるもの」とあります。どの辞書で調べても、心が脳であるとは書かれていません。脳は脂質とタンパク質でできている肉の塊です。脳は、心臓や眼や腕などと一緒で、自分の身体の一部分に過ぎません。

「人間」を「動物」と比較し、「精神」や「心」を「脳」と同一視するような科学からは離れて、様々な哲学や宗教に触れながら、人生の知恵を得て、心を高めることにつながるような実践的な学問に携わることが、今の時代に必要だと思うのです。「愛」の反対は「無関心」です。今こそ「自分さえ良ければいい」という考えや、周りに対する無関心を改め、一人一人がほかの人たちに対する思いやりの心、ヘルプ精神を持って、日本が世界の精神的なリーダーとなり、人類全体の向上に繋がるような活動に積極的に参加すべきではないでしょうか。

宗教と哲学に加えて、精神活動において重要な役割を果たすのが「芸術」です。芸術とは、「特殊な素材・手段・形式により、技巧を駆使して美を創造・表現しようとする人間活動、およびその作品」（『大辞林』）です。芸術には、建築や彫刻、絵画、音楽、演劇、踊り、映画などさまざまな分野があります。芸術家は、作品という表現を通して私たちの心にストレートに訴えかけることで、人間が本来美しい存在であることを思い出させてくれます。芸術が衰退してしまうと、社会も同時に衰退していってしまいます。芸術という価値ある創造活動を、社会全体で守っていかなければなりません。

二〇一八年に国立青少年教育振興機構が日本、アメリカ、中国、韓国の高校生を対象に行った調査によると、質問項目「私は価値のある人間だと思う」に対して肯定的に回答したのは、日本以外の三カ国では八割以上でしたが、日本では四四・九％でした。このような結果を生み出しているのは私たち大人だという現実に真剣に向き合わなければなりません。

今後の未来を築く子供たちや若い人たちにはロールモデルが必要です。ロールモデルとは、自分にとって、具体的な行動や考え方の模範となるような人物のことです。大人である我々が、良い手本となるような行動を示し続けることが、今の世の中に求められています。それは、笑顔で挨拶する、道に落ちているゴミを拾うなど、ほんの小さな行動です。

日本、そして世界が精神復興を果たし、未来の子孫に良い世界を残していくこと。これこそが今の日本の国民一人一人が最優先して取り組むべきことだと思うのです。政府が日本を良い国にしてくれるという保障はありません。私たち一人一人が変わることで、良い政府、良い国を持てるようになるのだと思います。

コロナや不景気等が続いていますが、このような厳しい時世こそ、人間の精神性を飛躍的に向上させる大きなチャンスが訪れているような気がしてなりません。

おわりに

今年（二〇二一年）で二十一年目を迎えた弊社から、これまで実に三〇名以上のスタッフが独立を果たしました。今年は既に二名のスタッフが卒業し、独立準備を進めています。今でも全国から自分の夢を実現させるステップとしてブラザーズを選んで入社する人たちが増えています。

開店以来、多くの目標を持った人たちがお店の発展のために力を注いでくれました。そんなスタッフたちの勤勉さ、向上心、責任感、勇気、熱意、協力、思いやり、そしてヘルプの精神が今のブラザーズを形作っています。

私がスタッフを教育する時の大前提にしている考えがあります。それは「その人にはまだ開花していない無限の可能性がある」ということです。

時々セミナーの講師を務める時に、参加者の皆さんに「自分にはまだ発揮していない能力があると感じている人はどのくらいいますか？」と聞くと、大半の人が手を挙げます。

人間には無限の可能性があります。人には多くのエネルギーを生み出す力があります。そのエネルギーを、水が流れるホースに例えたとしたら、ホースからたくさんの水を無限に生み出すことができるのが人間です。しかし、そのホースを自分の足で踏んでしまったら、流れるはずのエネルギーは止まってしまったり、弱まったりしてしまいます。自分を止めてしまうのは、自分しかいないのです。

人は生きる上で、食料や住む場所があるだけでは十分ではありません。人が真に生きるには、大きな夢同様、大きな志といった生きがいが必要です。大きな目標を掲げ、諦めずに続ければ、最後には全てがうまくいきます。成功とは、「自分が望んだことを最後までやり遂げること」です。最後までやり遂げるには、勇気が必要です。

勇気とは「勇ましい気持ち」、つまり、「物事を恐れない強い心」「危険や困難を恐れず、積極的にことを行うさま」を指す言葉です。勇気の反対は「臆病」です。臆病とは「気が弱く、ささいな事も怖がったり、必要以上に用心深くなってびくびくすること」です。臆病からくる不決断ではなく、勇気ある決断一つ一つの積み重ねが、より良い人生を築きます。

居心地のいい生活を捨てて、大きく考え、自分の能力を最大限に発揮できるような挑戦できる場所に自ら身を置くこと。

恐れや不安を克服し、一度覚悟を決めたなら、周囲の非難や「やらなくてもいい理由」に屈服することなく、信じている方向に向けて前進あるのみ。

行動する時は、努力を厭わず、できる限り早く仕事を完了させること。

やりたいことを妨げるような人たちの意見に耳を傾けてはいけません。一度やると決断したら、どのような困難にも屈せずに、自分が思い描く成功に向けて、小さなことから大きなことまで、諦めずに最後までやり遂げること。これが、「Zの精神」です。

成功する人と成功しない人の違いは、

「最後までやり通すことができるか、できないか」の違いだけなのです。

最後にはガッツのある人だけが、物事をやり遂げるのです。

そして、その目標を達成するまでの過程を人生のゲームとして苦難も大いに楽しみながら、たくさんのヘルプと、たくさんの良い影響を生み出してください。

この場を借りて、ブラザーズの発展をヘルプしてくれたすべての人たちに感謝します。

最後に、読者の皆様一人一人の成功を心よりお祈りして、この言葉で締めくくります。

OF COURSE YOU CAN

本書で紹介した各種団体のウェブサイト

◇一般社団法人 日本ワーキング・ホリデー協会
https://www.jawhm.or.jp

◇特定非営利活動法人 日本を美しくする会
https://www.souji.jp

◇特定非営利活動法人 児童夢基金
https://yumefund.org

◇中央区倫理法人会（一般社団法人倫理研究所）
https://www.tokyo-rinri.net/chuuouku/

◇国際サイエントロジーボランティア
http://www.rescue.bz

◇宗次ホール
https://munetsuguhall.com

◇特定非営利活動法人 イエロー・エンジェル
http://www.y-angel.jp

本書の感想や質問などありましたらこちらまでお寄せください。
〒103-0007
東京都中央区日本橋人形町2-27-1 佐々木ビル３F
株式会社ブラザーズ

〈著者略歴〉
北浦明雄（きたうら　あきお）
1975年２月28日生まれ。株式会社ブラザーズ代表取締役。大学卒業後、ワーキングホリデーでオーストラリアへ。そこで出合ったハンバーガーに魅了され、帰国後、当時では珍しいグルメバーガー専門店「BROZERS'」を2000年にオープン。その後レストラン、テイクアウト、デリバリー事業を展開。掃除を通して、地域貢献と人材育成に努める。ブラザーズから独立したスタッフは30人を超える。2021年10月１日現在、グルメサイト「食べログ」のハンバーガー部門、全国ランキング第１位。創業21年、５店舗経営。

Ｚの精神

日本一のグルメバーガー店の最後までやり通す経営哲学

2021年12月７日　第１版第１刷発行

著　者　北浦明雄

発　行　株式会社ＰＨＰエディターズ・グループ
〒135-0061　東京都江東区豊洲5-6-52
☎03-6204-2931
http://www.peg.co.jp/

印　刷
製　本　シナノ印刷株式会社

© Akio Kitaura 2021 Printed in Japan
ISBN978-4-909417-92-3
※本書の無断複製（コピー・スキャン・デジタル化等）は著作権法で認められた場合を除き、禁じられています。また、本書を代行業者等に依頼してスキャンやデジタル化することは、いかなる場合でも認められておりません。
※落丁・乱丁本の場合は、お取り替えいたします。